本书得到浙江省自然科学基金项目"中国出口国内增
机制研究"（项目编号：LY17G030034）、浙江省哲
"三重叠加冲击下浙江企业全球价值链重整的金融支持政策研究"（项目
编号：21NDJC064YB）、浙江理工大学学术著作出版资金（2019年度）资助

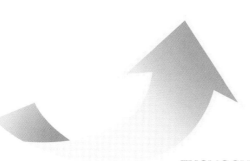

ZHONGGUO CHUKOU GUONEI ZENGJIAZHI
DONGTAI YANJIN DE WEIGUAN JIZHI

中国出口国内增加值
动态演进的微观机制

郭　晶／著

中国财经出版传媒集团
经济科学出版社
Economic Science Press

图书在版编目（CIP）数据

中国出口国内增加值动态演进的微观机制/郭晶著.
—北京：经济科学出版社，2020.11
ISBN 978 - 7 - 5218 - 1699 - 0

Ⅰ.①中⋯ Ⅱ.①郭⋯ Ⅲ.①出口贸易-研究-中国
Ⅳ.①F752.62

中国版本图书馆 CIP 数据核字（2020）第 124740 号

责任编辑：王柳松
责任校对：郑淑艳
责任印制：李 鹏 范 艳

中国出口国内增加值动态演进的微观机制
郭晶 著
经济科学出版社出版、发行 新华书店经销
社址：北京市海淀区阜成路甲 28 号 邮编：100142
编辑部电话：010 - 88191441 发行部电话：010 - 88191522
网址：www.esp.com.cn
电子邮箱：esp_bj@163.com
天猫网店：经济科学出版社旗舰店
网址：http://jjkxcbs.tmall.com
北京季峰印刷有限公司印装
710×1000 16 开 11.75 印张 180000 字
2020 年 12 月第 1 版 2020 年 12 月第 1 次印刷
ISBN 978 - 7 - 5218 - 1699 - 0 定价：49.00 元
（图书出现印装问题，本社负责调换。电话：010 - 88191510）
（版权所有 侵权必究 打击盗版 举报热线：010 - 88191661
QQ：2242791300 营销中心电话：010 - 88191537
电子邮箱：dbts@esp.com.cn）

前　言

增加值贸易能更好地测度并反映全球贸易的新特征。基于企业异质性的出口国内增加值研究，是深入分析增加值贸易国内部分的微观基础性工作，对于揭示增加值贸易中企业层面的驱动因素具有重要的意义。研究中国（未包含中国港澳台地区）企业出口国内增加值提升机制，有助于识别中国在增加值贸易中的企业异质性，为推动制造业向中高端升级提供微观理论基础和数据支撑。但是，现有文献尚缺乏对中国出口国内增加值的微观来源结构和不同类型企业提升机制的系统分析，对此仍需在理论和实证上进行拓展和深化。

本书在阿卜沃德、王和郑（Upward, Wang and Zheng, 2013）的基础上，提出一般贸易型企业的出口国内增加值率（domestic value added rate, DVAR）、加工贸易型企业出口国内增加值率和混合贸易型企业出口国内增加值率的基准测度方法，并参考基和唐（Kee and Tang, 2016）对DVAR进行修正。使用2000~2006年中国海关数据库与2000~2006年中国工业企业数据库的匹配数据，对三类企业出口国内增加值率进行测度。从微观层面和宏观层面分析中国出口国内增加值的典型化事实，并从贸易模式方面和企业动态方面拓展出口国内增加值的分解方法，揭示中国出口国内增加值变动的微观来源结构从而发现：（1）不同类型企业出口国内增加值率的变动趋势存在明显差异。一般贸易型企业的出口国内增加值率平均水平显著高于混合贸易型企业，混合贸易型企业的出口国内增加值率平均水平显著高于加工贸易型企业。加工贸易型企业的出口国内增加值率和混合贸易型企业的出口国内增加值率的企业间差异程度不断缩小，而一般贸易型企业则保持稳定。（2）从加工贸易模式向一般贸易模式转型，是中国出口国内增加值率变动的来源之一。（3）持续存在的企业的集约边际变动是中国出口国内增加值率变动的主要来源，企业进入、退出的扩展边际对中国出口国内增加值率变动的贡献很小。

本书进一步从理论上研究企业出口国内增加值的提升机制。在安特拉斯和乔尔（Antras and Chor，2013）的基础上构建研究企业出口国内增加值的理论框架，采用一般均衡模型同时分析供给、需求两个层面，将企业产品质量以及进口中间品质量同时纳入分析框架，并借鉴基和唐（2016）的方式来刻画企业出口国内增加值，系统分析一般贸易型企业出口国内增加值、加工贸易型企业出口国内增加值和混合贸易型企业出口国内增加值的影响因素，发现三类企业出口国内增加值的影响因素存在差异。具体而言，进口中间品关税水平与一般贸易型企业的出口国内增加值率和混合贸易型企业的出口国内增加值率呈正相关关系，不会影响加工贸易型企业的出口国内增加值率；出口关税水平与三类企业的出口国内增加值率呈负相关关系；若企业仅使用进口中间品，无论是进口中间品产品质量还是出口产品质量均不会影响企业的出口国内增加值率，否则，企业出口产品质量与一般贸易型企业的出口国内增加值率和混合贸易型企业的出口国内增加值率呈正相关关系，但不会影响加工贸易型企业的出口国内增加值率，进口中间品产品质量与一般贸易型企业的出口国内增加值率和混合贸易型企业的出口国内增加值率呈负相关关系，但不会影响加工贸易型企业的出口国内增加值率，加工贸易份额和混合贸易型企业的出口国内增加值率呈负相关关系。

本书还利用多重固定效应模型、倾向得分匹配等多种前沿的面板数据计量方法对理论结论进行了验证，探索不同类型企业的出口国内增加值率影响因素的差异，计量结果与本书理论结论一致。除此之外，本书还得出以下结论：（1）一般贸易型企业出口国内增加值率提升的核心机制为提升出口产品质量，加工贸易型企业出口国内增加值率提升的核心机制为贸易自由化，而混合贸易型企业出口国内增加值率提升的核心机制在于贸易模式转型。随着企业出口国内增加值率的提升,进口中间品产品质量与进口中间品关税对一般贸易型企业出口国内增加值率、混合贸易型企业出口国内增加值率的影响在逐渐下降;出口关税水平对一般贸易型企业出口国内增加值率、加工贸易型企业出口国内增加值率(除出口国内增加值率非常低的企业外)、混合贸易型企业出口国内增加值率的影响在逐渐提升。加工贸易比例对混合贸易型企业出口国内增加值率的影响在不断下降,出口产品质量的影响不存在显著趋势。(2)不同出口产品的进入行为、退出行为、转换行为,以及创新对企业出口国内增加值变动率的影响不同。创新行为对企业出口国内增加值变动率的影响要高于出口产品进入、退出、转换这三类行为,但创新行为的影响存在滞后效应,并且专利授权的影响要高于专利申请,发明专利、实用新型专利、外观设计专利对企业出口国内增加值变动率的影响也存在差异。

最后,本书针对中国出口国内增加值提升提出四大政策建议:以制定多元化动态政策激励异质性企业出口国内增加值自升级;以促进企业创新和提高产品质量为内生动力,提升企业出口国内增加值;以产品转型和贸易模式转型为动态路径,突破全球价值链(GVCs)低端锁定;以深化双向贸易自由化,营造合作共赢的稳定贸易环境。

郭晶

2020 年 2 月 20 日

目　　录

第1章 导论

1.1 研究背景

全球价值链（global value chains，GVCs）已成为全球经济的一大特征（联合国贸易和发展组织，2013）。企业是全球价值链活动的主体。随着企业开始在全球价值链中组织生产，国际贸易流量和国际投资流量大幅增长。1996～2008年，复杂的全球价值链生产活动成为经济增长的主要驱动力（杜大伟、若泽·吉勒尔梅·莱斯和王直，2017）。但是，自2008年全球金融危机以来，贸易的大塌陷（Baldwin，2009）引发国际贸易的超常规调整，全球供应链扩张明显放缓，以歧视性关税和双边主义为主要表现的贸易摩擦日益突出，引发了对全球价值链的重新思考以及全球分工体系重构的实践。

中国已成为诸多行业全球价值链的重要一环，参与全球价值链的广度和深度不断提升，并逐渐向全球价值链的关键位置和枢纽位置移动。改革开放以来，中国借助各种形式的加工贸易融入发达国家跨国公司所主导的全球价值链，从简单的最终产品组装逐渐向更复杂的国内增加值创造环节升级。近年来，在"一带一路"倡议下，中国主动构建各种自主性比较强的全球价值链，日益在发达国家价值链环流和发展中国家价值链环流中居于枢纽地位（黄先海和余骁，2017；洪俊杰和商辉，2019）。在当前外部风险上升的背景下，中国更需要关注参与全球价值链企业的调整，培育竞争新优势，以增强参与全球价值链的自主性和获利能力，避免陷入全球价值链低端锁定和"俘获"（刘志彪和张杰，2008），推动产业向中高端升级。

在全球价值链分工模式下，中间产品多次跨越国境（Hummels, Ishii and Yi, 2001；Yi, 2003；Johnson and Noguera, 2012），以实现全球价值链各个环节的有效整合，随着国际分工的延展细化，经济国界日益模糊，而传统的基于属地的贸易总值统计出现大量重复计算，导致出口总额与实际增加值、贸易量与收入量、贸易差额与贸易利益之间出现错配，即"眼见并非如实"（Maurer and Degain, 2012）。为厘清全球价值链下各国的真实贸易关系，更好地解释"谁为谁生产什么"和"增加值在何地产生"的问题，以库普曼、王和魏（Koopman, Wang and Wei, 2012, 2014）为代表的增加值贸易研究成为近年的研究热点。与传统国际贸易统计相比，增加值贸易能更好地测度和反映全球贸易的新特征。联合国贸发会议（UNCTAD）、经合组织（OECD）、世界贸易组织（WTO）、亚太经合组织（APEC）等国际组织正稳步推进增加值贸易核算的研究及相应的数据库建设，以此作为传统贸易数据的补充。中国商务部也于2012年启动了增加值贸易的相关研究。

然而，以库普曼、王和魏（Koopman, Wang and Wei, 2012, 2014）为代表的增加值贸易核算，主要基于投入产出模型，从国家层面和产业层面进行测度。这种方法隐含的假定是企业同质性和部门内进口中间投入的"同比例假设"，忽视了企业异质性的存在。事实上，企业在生产技术、出口强度、进口强度和全球价值链参与位置等方面是异质的（Kee and Tang, 2016；Ma, Wang and Zhu, 2015），"同比例假设"也是一个过于简化的假设，会导致进口使用系数的估计偏差（Yao, Pei and Ma, 2013）。忽视企业异质性，既可能引起增加值贸易核算的归并偏误（Kee and Tang, 2016），也无法揭示增加值贸易演进的企业层面的驱动因素。因此，如何将企业异质性纳入增加值贸易核算，成为该领域的一个新的前沿方向。

　　基于企业异质性，直接利用微观数据从企业层面测度出口国内增加值的系列新兴研究（Upward，Wang and Zheng，2013；Kee and Tang，2016；张杰等，2013），将增加值贸易国内部分的研究推进到微观企业层面，这类研究可以直接识别公司的进口是用于加工还是普通出口，其测算结果可作为投入产出的补充，并且能够将总体趋势分解为产业内的变化和产业间的变化，为从企业内部研究增加值变动的因素提供了可能，能为总体趋势和增加值结构提供微观基础。已有研究成果显示，中国出口国内增加值的变动来自产业内的变动（Upward，Wang and Zheng，2013；Kee and Tang，2016），加工贸易企业出口国内增加值提升主要来自国内材料对进口材料的替代，归因于关税下降和外商直接投资（FDI）（Kee and Tang，2016）。国内有较多的研究都发现了加工贸易和一般贸易的影响差异，但是并未对两类企业的影响差异给予一般化的理论解释。

　　但是，如何解释企业出口国内增加值提升的微观机制？如何准确测度各因素对企业出口国内增加值提升的具体效应？不同类型企业出口国内增加值的影响因素是否存在差异？中国产业层面的出口国内增加值变动，是来自企业内的变动还是企业间的资源再分配？双向贸易自由化如何对中国出口国内增加值产生影响？这在现有研究中尚未给予系统回答。而对这些问题的回答，不仅有助于理解中国增加值贸易国内部分的企业层面驱动因素，也有助于为中国全球价值链升级政策提供微观基础。

　　然而，现有的全球价值链理论难以揭示增加值贸易的变动机制。全球价值链早期的理论主要分为两大类：一类专注于全球价值链的原因、治理类型和决定因素（Gereffi，Humphrey and Sturgeon，2005；Antras and Chor，2013）对贸易模式和要素价格的影响（Yi，2003）；另一类关注于个别企业或产业的案例研究。最近，关于全球价值链贸易的研究在增加。这些研究主要从行业层面和国家层面展开。基于行业层面和国家层面的宏观分析只能从表象上描述企业行为的关系，不能揭示其背后的变动机制。

　　异质性企业贸易和企业内生边界理论也缺乏对出口国内增加值的研

究。虽然以梅里兹（Melitz，2003）、伯纳德、伊顿和科图姆（Bernard，Eaton and Kortum，2003）、伯纳德、詹森和雷丁（Bernard，Jensen and Redding，2007）等为代表的异质性企业贸易理论，已经将传统贸易理论的行业间资源优化配置推进到行业内企业间及企业内产品的优胜劣汰所带来的资源优化配置，开拓了国际贸易理论的新前沿，也为企业出口国内增加值的研究提供了可借鉴的理论基础，但是，此方面的理论研究尚极其缺乏。而以安特拉斯（Antras，2003，2013）为代表的企业内生边界理论虽然探讨了企业外包、一体化及上下游整合问题，但却未涉及出口国内增加值。针对中国的研究发现的"生产率悖论"（李春顶，2015）问题，也提示异质性企业理论仍需与中国情境相结合。

综上所述，全球价值链下的增加值贸易已得到国际性机构和学者的重视，基于企业异质性的出口国内增加值研究，为从企业内部研究增加值变动的机制提供了可能。但是，现有全球价值链理论和异质性企业理论缺乏对出口国内增加值的解释。中国出口国内增加值动态演进的微观来源结构和不同类型企业出口国内增加值提升机制的系统分析，仍需在理论和实证上进行拓展和深化研究。因此，为了准确地理解中国贸易的真实特征，正确评估出口的影响及贸易不平衡问题，探寻全球价值链升级的可行路径，需要深入分析全球价值链下中国出口国内增加值的动态演进路径及其背后的微观驱动因素。

1.2   研究目的与研究意义

1.2.1   研究目的

本书的主要研究目的在于以下四个方面。

（1）准确测度中国微观层面的出口国内增加值。充分利用中国的两大微观企业数据库——中国工业企业数据库与中国海关数据库，结合国际前沿出口国内增加值的测算方法，对中国微观层面的出口国内增加值进行准确测度。

（2）详尽研究中国出口国内增加值的典型化事实。以本书测度的中国微观层面出口国内增加值率为基础，对近年来中国各个层面出口国内增加值的变动趋势进行详尽研究，并对中国出口国内增加值的变动进行结构分解。

（3）系统阐述企业出口国内增加值提升的内在机制。以异质性企业分析框架为基础，系统的分析企业层面各因素影响企业出口国内增加值提升的内在机制。

（4）量化分析各因素对中国企业出口国内增加值的具体影响。将中国企业出口国内增加值数据与多重固定效应模型、面板数据分位数回归、倾向值得分匹配等前沿方法相结合，对各因素影响中国企业出口国内增加值的效应进行量化分析。

1.2.2　研究意义

本书的理论意义在于，将产品质量引入异质性企业模型，分析不同类型企业出口国内增加值提升机制存在的差异。本书将在安特拉斯和乔尔（Antras and Chor，2013）的基础上，采用一般均衡模型同时分析供给、需求两个层面，并将企业产品质量以及进口中间品质量同时纳入分析框架，较为系统地分析一般贸易型企业、加工贸易型企业和混合贸易型企业出口国内增加值提升的内在机制及其差异。丰富异质性企业理论，拓展出口国内增加值理论。

本书的实践意义在于以下两点。

（1）量化不同类型企业出口国内增加值提升机制，并阐述出口产品进入行为、退出行为、转换行为以及创新行为对企业出口国内增加值变动率的动态效应，为中国出口国内增加值的提升提供数据支撑。本书实证研究了三类企业出口国内增加值提升机制，估计不同类型出口产品进入行为、退出行为、转换行为以及创新行为对企业出口国内增加值变动率的影响及其差异，能为提升出口国内增加值的政策制定提供数据支持。

（2）从不同角度对出口国内增加值变动进行结构分解，揭示出口国内增加值变动的微观来源结构，深化对中国出口国内增加值变动的理解。本书从产业结构、贸易方式和企业进入行为、退出行为的动态三方面对出口国内增加值的总体变动进行结构分解，揭示了贸易模式转型是中国出口国内增加值的来源之一，持续企业的集约边际变动是中国出口国内增加值的主要来源。

1.3　研究内容、研究框架与研究方法

本书以中国企业出口国内增加值提升机制为核心，沿着出口国内增加值测度—典型化事实分析—理论研究—实证分析—政策建议的逻辑思路展开。

1.3.1　研究内容

第1章，导论。主要对本书的研究背景、研究目的与研究意义、研究内容、研究框架与研究方法、创新点等进行阐述。

第2章，文献综述。主要围绕全球价值链及垂直专业化理论演进、增加值贸易核算、企业出口国内增加值的测度、中国企业出口国内增加值的影响因素四个方面展开，并对相关文献进行简单评述。

第3章，中国出口国内增加值的微观测度。主要借鉴阿卜沃德、王和郑（Upward，Wang and Zheng，2013），结合中国企业进出口贸易方式的多样性组合，根据出口贸易方式将企业划分为一般贸易型企业、加工贸易型企业、混合贸易型企业三大类型，并综合考虑贸易中间商、国内中间品投入中的国外成分，基于2000～2006年中国海关数据库与2000～2006年中国工业企业数据库中的匹配数据，对中国企业出口国内增加值进行测度。

第 4 章，中国出口国内增加值动态演进的典型化事实。主要从微观、宏观、结构分解三个维度分析中国出口国内增加值的相关典型化事实，从不同贸易方式、企业出口国内增加值率稳定性、出口时间、企业性质四个角度阐述微观层面中国出口国内增加值的变动趋势，并将微观层面出口国内增加值汇总至行业层面，分析宏观层面出口国内增加值的总体情况。最后，从产业结构、贸易模式和企业动态三个角度对中国出口国内增加值变动进行结构分解。

第 5 章，中国出口国内增加值提升的微观机制：理论分析。在安特拉斯和乔尔（Antras and Chor，2013）的基础上，采用一般均衡模型同时分析供给、需求两个层面，将企业产品质量以及进口中间品质量同时纳入分析框架，并借鉴基和唐（Kee and Tang，2016）的方式刻画企业出口国内增加值，系统分析一般贸易型企业出口国内增加值、加工贸易型企业出口国内增加值、混合贸易型企业出口国内增加值的影响因素。

第 6 章，中国出口国内增加值提升的微观机制：实证分析。主要从实证角度验证第 5 章模型中所阐述的中国微观企业出口国内增加值提升机制，并利用前沿计量方法对各影响因素作用于一般贸易型企业出口国内增加值、加工贸易型企业出口国内增加值、混合贸易型企业出口国内增加值的具体效应及其影响差异进行分析。

第 7 章，中国出口国内增加值提升机制的动态拓展分析。主要以倾向值得分匹配为基础，对企业出口国内增加值提升的动态机制进行分析，研究了出口产品进入、退出、转换以及企业创新这四类企业动态行为对企业出口国内增加值变动率的影响。

第 8 章，结论与政策建议。主要为本书基本结论、相关政策建议与进一步的研究方向。

1.3.2　研究框架

基于上述研究内容，本书的技术路线，如图 1 - 1 所示。

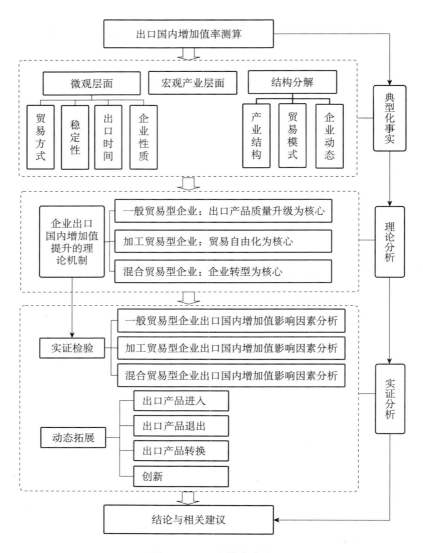

图 1-1　研究技术路线

资料来源：笔者绘制。

1.3.3　研究方法

1. 异质性企业模型

在安特拉斯和乔尔（Antras and Chor，2013）的基础上，采用基和唐

（Kee and Tang，2016）的方式来刻画企业出口国内增加值，采用一般均
衡模型同时分析供给、需求两个层面，并将企业产品质量以及进口中间
品质量同时纳入分析框架，系统分析企业层面各微观因素对企业出口国
内增加值的影响。

2. 动态分析法

动态分析法用于研究出口国内增加值的动态演进；在考虑企业进入
动态、退出动态的情况下，对出口国内增加值变动进行动态分解；对于
企业进入动态、退出动态对出口国内增加值的影响进行分析；对企业进
入前和进入后、退出前和退出后的出口国内增加值进行动态分析。

3. 多重固定效应模型

利用多重固定效应模型对各影响因素作用于一般贸易型企业出口国
内增加值、加工贸易型企业出口国内增加值、混合贸易型企业出口国内
增加值的具体效应及其影响差异进行分析。

4. 倾向值得分匹配

以倾向值得分匹配为基础，研究出口产品进入、退出、转换以及企
业创新这四类企业动态行为对企业出口国内增加值变动率的影响。

5. 比较分析法

对企业出口国内增加值从贸易方式、稳定性、出口时间和企业性质
等方面进行比较分析，并将企业层面数据加总为行业层面数据，对不同
技术含量产业的出口国内增加值进行比较分析。

1.4　创新点

1.4.1　构建研究企业出口国内增加值的理论框架，丰富异质性企业理论

本书在安特拉斯和乔尔（Antras and Chor，2013）的基础上，采用一

般均衡模型同时分析供给、需求两个层面，并将企业产品质量以及进口中间品质量同时纳入分析框架，系统分析企业层面各微观因素对企业出口国内增加值的影响。现有异质性企业的贸易行为选择，主要研究出口、进口、对外直接投资、出口产品数量、出口产品价格和质量、出口市场、出口产品种类等行为选择，以及其他新的企业贸易现象。如任务贸易、临时贸易、相继出口等，极少涉及对出口国内增加值的解释。而基和唐（Kee and Tang，2016）的模型属于局部均衡模型，仅从供给层面进行了分析，并且忽略了产品质量等影响企业出口国内增加值的重要因素。本书研究有助于丰富现有异质性企业贸易理论，增强异质性企业贸易理论的解释力。

1.4.2　探索不同类型企业出口国内增加值影响因素的差异，为中国企业提升出口国内增加值提供针对性建议

本书提出各影响因素作用于一般贸易型企业、加工贸易型企业和混合贸易型企业出口国内增加值的具体效应存在一定差异，并利用前沿计量方法研究发现，提升出口产品质量对一般贸易型企业提升出口国内增加值的影响最为显著，贸易自由化对于加工贸易型企业提升出口国内增加值的影响最为显著，贸易转型对于混合贸易型企业提升出口国内增加值的影响最为显著。现有研究虽然发现不同贸易类型企业的出口国内增加值变动趋势不同，以及各影响因素对不同贸易类型企业的影响存在异质性，但是并未给予针对性解释。本书首次对不同类型企业出口国内增加值影响因素的差异进行系统研究，并提出针对性建议。

1.4.3　拓展出口国内增加值动态分解方法，为研究出口国内增加值变动提供新视角

阿卜沃德、王和郑（Upward，Wang and Zheng，2013）、基和唐（Kee and Tang，2016）将出口国内增加值变动分解为产业内变动和产业间变动，得出出口国内增加值的变动来自产业内变动而不是产业间资源

再配置的结论。但是，将出口国内增加值变动仅分解为产业内和产业间的框架，并不能对全球价值链下普遍存在的产品内分工给予解释，也没有反映已被大量经验数据证明的企业间存在的异质性的特征性事实。本书将出口国内增加值进一步分解为贸易模式内变动与贸易模式转型、持续企业的集约边际和进入企业、退出企业的扩展边际，有助于深入理解中国出口国内增加值动态演进的微观来源结构，为增加值贸易研究提供新的视角。

第 2 章　文献综述

　　微观层面的出口国内增加值研究，主要是在全球价值链背景下，随着增加值贸易核算的推进，进一步考虑企业异质性，直接使用微观企业数据进行测度，围绕测度方法、结果分析和影响因素而展开。因此，本章将从全球价值链及垂直专业化理论演进、增加值贸易核算、企业出口国内增加值测度、企业出口国内增加值影响因素四个方面对现有文献进行综述。

2.1　全球价值链及垂直专业化理论演进

2.1.1　全球价值链研究范式及理论进展

　　全球价值链研究范式的主要特征是其思想起源的多样性（杜大伟、若泽·吉勒尔梅·莱斯和王直，2018），其主要源于贸易理论和社会学领域。针对生产环节跨国界分布并通过贸易链相互连接的现象，古典贸易理论中各国仅从事最终品贸易的经典假设已明显偏离现实。不同文献使用不同术语解读这一现象。如多价值链切片（Krugman，1995）、碎片化生产（Jones and Kierzkowski，1990）、产品内分工（Amdt，1997）、任务贸易（Grossman and Rossi-Hansberg，2008）等。

　　与贸易理论平行发展的是社会学领域的研究。价值链是在商业管理研究领域首次提出的。波特（Porter，1985）将这一概念塑造为制定公司战略以提升公司竞争力的基本框架，其关注的是公司如何通过将重点转移到业务活动配置来重整企业战略。但是，全球价值链分析并不是波特价值链方法的全球性延伸（杜大伟、若泽·吉勒尔梅·莱斯和王直，2018）。全球价值链研究的主要目的是，探讨价值分配机制与涉及跨境生产和消费的组织结构之间的相互作用关系，这一概念也在格里菲、汉弗莱和斯特鲁根（Gereffi, Humphrey and Strurgeon, 2005）的研究中得以具体化。

联合国工业发展组织（UNIO, 2002）更明确地界定了全球价值链的概念。全球价值链是指，在全球范围内为实现商品价值或服务价值而连续生产、销售、回收处理等过程的全球性跨企业网络组织，涉及从原料采集和运输、半成品和成品的生产和分销，直至最终消费和回收处理的过程。全球价值链包括所有参与者和生产销售等活动的组织及其价值利润分配，并通过自动化的业务流程和供应商、合作伙伴以及客户的链接，以支持机构的能力和效率。全球价值链的界定强调了全球价值链不仅由大量互补的企业组成，而且是通过各种经济活动联结在一起的企业网络的组织集，关注的焦点不只是企业，也关注契约关系和不断变化的联结方式。全球价值链还可以定义为出口中可能包含的进口投入，即出口中包含国外创造的增加值和国内创造的增加值（UNCTAD, 2013）。本书主要基于这个概念展开。

全球价值链研究分为两大类别：一类研究专注全球价值链的理论原因（Findlay, 1978；Dixit and Grossman, 1982；Markusen and Venables, 2007；Grossman and Rossi-Hansburg, 2008；Baldwin and Venable, 2010；Baldwin and Robert-Nicoud, 2010；Costinot, Vogel and Wang, 2013）、治理类型和决定因素（Gereffi et al., 2005；Antras and Chor, 2012），对贸易模式和要素价格的影响（Yi, 2003；Kohler, 2004）；另一类研究关注个别企业或某一产业的案例研究。[1]

近年来，关于全球价值链贸易的研究在增多（Hummels, Ishii and Yi, 2001；Kimura, Takahashi and Hayakawa, 2007；Sydor, 2011）。这些

---

[1]　1986 年以来，在 600 多个出版物中关于全球价值链（GVCs）的研究中超过 70% 都是此类。

研究包括从行业层面和国家层面对垂直专业化及附加值贸易的分解和核算；对全球价值链及其所涉及的生产分割、垂直专业化贸易、中间品贸易的形成原因、模式选择及效应的研究；对引入附加值贸易后与贸易相关问题政策含义的分析，如贸易保护的效应、贸易不平衡、贸易与环境、比较优势测算的调整等，以及反映全球价值链贸易的统计数据库的构建。

　　整合不同全球价值链研究领域的关键性文献之一是安特拉斯和赫尔普曼（Antras and Helpman，2004），其在契约理论的分析框架中将新贸易理论和新—新贸易理论相结合，而契约理论又可以和社会学家分析全球价值链的方法相联系。安特拉斯和乔尔（Antras and Chor，2013）进一步扩展了这一分析框架，并将投入产出经济学在全球价值链研究上的新进展也包括在内（杜大伟、若泽·吉勒尔梅·莱斯和王直，2018）。

2.1.2　垂直专业化及其前提假定

　　在关于全球价值链的诸多关键概念描述中，垂直专业化是一个重要分支，并且成为后期增加值贸易核算的理论基础。胡梅尔斯、石井和易（Hummels，Ishii and Yi，2001）针对这种生产过程的碎片化，每个国家只参与产品生产的某个阶段或某些特定阶段的国际分工新特征，开拓性地提出了垂直专业化（vertical specialization，VS）的概念和测度指标。该指标提出后，逐渐成为被广泛应用于经济学文献中衡量跨国生产分工的综合性统计指标。

　　根据胡梅尔斯、石井和易（2001）界定的方法，垂直专业化（VS）是指，用于生产出口产品的进口中间投入，包括直接进口和间接进口。该文献基于一国的投入产出表将出口分解为国内增加值（DV）和国外增加值（VS），并首次给出了垂直专业化的一般度量方法：

$$\text{VS 占总出口的比重} \equiv VS_k/X_k = uA^M [I - A^D]^{-1} X/X_k \qquad (2-1)$$

　　在式（2-1）中，A^M 为进口系数矩阵，A^D 为国内直接投入系数矩阵，X 为出口列向量，X_k 为 K 国出口总额，u 为元素为 1 的行向量。$[I - A^D]^{-1}$ 为国内完全消耗系数矩阵，它捕捉了国内各个部门的直接投入和间接投入。

通过测度 10 个 OECD 国家的投入产出表，胡梅尔斯、石井和易（2001）发现，这些国家的垂直专业化份额由从 1970 年的 6.5% 上升至 1990 年的 21%。

但是，胡梅尔斯、石井和易（2001）界定的方法暗含了三大假设：第一，假定不存在一个国家进口中间产品并将其加工成半成品后又出口到国外的情况。然而，这种情况在垂直专业化贸易中非常普遍；同时，一个国家从国外进口的中间产品中也有可能包含本国的增加值（Koopman, Wang and Wei, 2010）。第二，"同比例假设"，具体有两层含义：进口投入品在不同生产部门之间按比例分配；在生产部门内部，进口投入品在国内生产和出口生产之间按比例分配（Yao, Ma and Pei, 2013）。库普曼、王和魏（Koopman, Wang and Wei, 2010）指出，该假设在加工贸易存在的情况下不成立。第三，假定特定产业的所有企业具有相同的生产函数，没有考察行业内不同企业生产技术的差别（Kee and Tang, 2016；Ma, Wang and Zhu, 2015）。[①]

2.2 增加值贸易核算

增加值贸易核算是在垂直专业化的基础上，针对垂直专业化测算指标中不符合实际的假设条件进行放松和修正，形成全新的贸易统计框架（潘文卿、王丰国和李根强，2015）。本节从不考虑企业异质性的投入产出法和考虑企业异质性的投入产出法两方面对现有文献进行综述。

2.2.1 不考虑企业异质性的投入产出法

早期的增加值贸易研究，主要针对垂直专业化的第一假设和第二假

---

① 事实上，第二假设可以包含在第三假设范围之内。但是根据现有文献的线索，本书将其分开作为以上两个假设，以更好的体现文献研究的脉络。

设中的加工贸易予以放松和修正，使用投入产出模型，进一步分解国内增加值和国外增加值，逐渐形成了符合国民经济核算体系（system of national accounts，SNA）标准的贸易核算方法。由于缺乏准确的进口中间投入的数据，这些研究都明确或隐含地使用了"同比例假设"。

针对垂直专业化的第一假设，多丹、里夫拉尔和施魏斯古特（Daudin，Rifflart and Schweisguth，2009）在胡梅尔斯、石井和易（2001）的基础上，定义了一个新的指标———一国进口产品中包含的国内增加值（VS1），并提出全球水平的增加值贸易等于标准的全球贸易减去 VS 和 VS1。约翰逊和诺格拉（Johnson and Noguera，2012）从增加值最终被哪个国家消化吸收的角度，对增加值出口进行分解，并将增加值出口（value added export）界定为在一国生产而最终在别国被消化吸收的增加值，这就排除了一国出口包含增加值的中间产品又将其（以中间产品或最终产品）进口回来的情形。这是一种基于产业间前向联系的测算方法。

针对垂直专业化第二假设中的加工贸易问题，刘遵义、陈锡康和杨翠红等（2007）将中国的投入产出表按照贸易模式进行分解，并结合中国海关数据，对于加工贸易，进口的中间品全部作为投入；对于一般贸易中包含的进口中间品，使用联合国编制的广义经济分类标准（broad economic catalogue，BEC）来区分。在此基础上，用胡梅尔斯、石井和易（2001）方法衡量了 1997 年和 2002 年的中国垂直专业化份额，分别为 17.9% 和 25.4%。但是，这种方法假设每个产业的进口中间品的份额与投入产出表的系数成比例。

库普曼、王和魏（Koopman，Wang and Wei，2008）将加工出口部分单独考察，并将国内最终使用和一般出口合并，将加工出口投入产出系数区分开，以更精确地考察加工贸易普遍存在时出口中的国内增加值。测算了如果不区分加工贸易，1997~2006 年中国的垂直专业化率由 17% 快速提高到 26.3%；但如果将加工出口产品与其他产品区分开来，中国的垂直专业化率则由 47.7% 增加到 49.3%，几乎是未区分加工贸易和非加工贸易的两倍。

库普曼、鲍尔斯和王等（Koopman，Powers and Wang et al.，2010）尝试同时放松胡梅尔斯、石井和易（2001）界定的方法的第一假设和第二假设中的加工贸易，利用全球贸易分析（GTAP）数据库构建了一个全球性的区域间投入产出表，将一国出口价值分为五部分：被进口国直接消费的最终产品价值、被进口国用于生产并消费的中间品价值、被进口国用于国内生产后出口到第三国的中间品价值、被进口国用于国内生产但又出口至本国的中间品价值、出口中包含的外国价值，全方位地对一国出口贸易中的国内增加值和国外增加值进行估算。

库普曼·R.、王·Z. 和魏·S. J.（2012，2014）进一步提出了一个数学框架，将国家出口总额分解为 9 种增加值和重复计算部分，如图 2 – 1 所示，即库普曼·R.、王·Z. 和魏 S. J.（2014）方法。这 9 种计算成分可分为四组：第一组为增加值出口，即约翰逊和诺格拉（Johnson and Noguera，2012）所定义的部分；第二组为出口加工后又被进口回来的中间产品中的国内成分，该部分不是一国增加值出口部分，而是一国 GDP 的组成部分；第三组为国外增加值部分，该部分由一国出口生产，最终由其他国家吸收；第四组由重复计算组成，该部分起源于多次过境来回交易的中间品。这四组中的某些条款重复计算本国吸收的增加值，其他条款重复计算外国吸收的增加值。该分解方法确定了增加值贸易核算和官方公布的贸易统计之间正式而准确的关系，从而建立了一种完全符合国民经济核算体系（SNA）标准的贸易核算方法。

近年来，关于增加值贸易的中文文献持续增多，已成为国内理论研究的前沿问题之一（罗长远和张军，2014；樊茂清和黄薇，2014；程大中，2015；代谦和何祚宇，2015；罗伟和吕越，2015；齐俊妍和王岚，2015；苏庆义，2016；段玉婉和杨翠红，2018）。这些研究基本在 HIY 方法及库普曼·R.、王·Z. 和魏·S. J.（2014）方法的基础上，使用投入产出表，对中国增加值贸易进行测度，有助于认识中国增加值贸易的现状、特征及趋势。但是，这些研究大多仅限于测度分析阶段，尚未深入探讨中国出口国内增加值变动背后的机制。

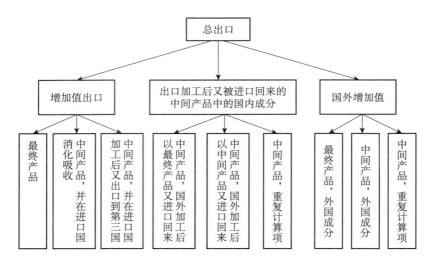

图 2 - 1　库普曼·R.、王·Z. 和魏·S. J.（Koopman R.,
Wang Z. and Wei S. J., 2014）关于出口总额的分解

资料来源：Koopman R., Wang Z. and Wei S. J. Tracing value-added and double counting in gross exports［J］. Social Science Electronic Publishing, 2014, 104（2）: 459 - 494.

2.2.2　考虑企业异质性的投入产出法

早期全球价值链领域利用微观数据开展过一系列案例研究，包括耐克、芭比娃娃、惠普、联想笔记本、波音飞机、诺基亚、苹果手机、汽车等产品。这些研究通过追踪产品的全球生产链，揭示了不同产品在全球生产链中增加值的创造情况和分配情况。这种案例研究虽然无法提供全球生产链的综合面貌，但是，已经揭示了全球生产链中不同企业的差异。

近年来，以梅里兹（Melitz, 2003）、伯纳德、伊顿和科图姆（Bernard, Eaton and Kortum, 2003）、伯纳德、詹森和雷丁（Bernard, Jensen and Redding, 2007）为代表的新新贸易理论已就国际贸易中的企业异质性进行了大量研究，开拓了贸易理论的新前沿。近期研究也表明，大多数企业没有直接参与全球价值链，参与的企业也存在明显的异质性。不考虑企业异质性，可能会对增加值贸易、贸易的要素含量以及贸易对宏观经济的影响等方面的估计带来潜在的偏差（Puzzello, 2012）。基和唐

（Kee and Tang，2016）认为，企业异质性的存在对产业和总体估计带来偏差的大小，取决于企业占行业的权重和公司增加值的协方差。如果企业所占权重和出口国内增加值是正相关的，则考虑企业异质性的产业层面出口国内增加值的测算结果会比不考虑企业异质性的结果更高。相应地，如果企业所占权重和出口国内增加值是负相关的，则考虑企业异质性的产业层面出口国内增加值的测算结果会比不考虑企业异质性的结果更低。此外，基于企业异质性的研究，也有助于认识增加值贸易企业层面的驱动因素。

　　进口中间品投入在确定不同类型公司的生产技术中起着重要作用。在进口使用强度方面，出口商使用的进口输入比面向国内市场的企业使用的进口输入更多，加工贸易出口商比一般出口商更倾向于依赖进口输入（Ma，Wang and Zhu，2015）。库普曼、王和魏（2012）的研究表明，通过区分加工贸易、非加工贸易出口中不同的进口投入强度，中国总出口和墨西哥总出口的国外增加值率的估计结果会出现显著变化。芬斯特拉和詹森（Feenstra and Jensen，2012）也研究了进口使用系数估计方面的偏差。因此，在提高增加值贸易的准确性方面，迫在眉睫的关键挑战在于贸易统计数据的质量和有关分配进口品给不同使用者的假设。使用企业微观数据也有助于克服"同比例假设"的弊端以提高进口使用矩阵的准确性。如何在微观企业数据层面将贸易与制造商联系起来，将成为工作的一个重要部分。

　　在此背景下，基于企业异质的增加值贸易研究，主要是针对垂直专业化中的第二假设和第三假设予以放松和修正。将企业异质性纳入投入产出模型的增加值贸易核算，主要在现有基于投入产出模型的增加值贸易研究的基础上，部分放松垂直专业化的第二假设和第三假设，即考虑不同类型企业的进口中间品投入使用比例不同，将企业进行分组，对投入产出表进一步拆分和细化，形成了将企业异质性纳入投入产出模型的增加值贸易研究。

　　对库普曼、王和魏（2014）方法进一步扩展，可以将企业按其所有权类型和出口模式分为四类（Ma，Wang and Zhu，2015），具体包括国内加工企业（CP）、外资加工企业（FP）、正常贸易和国内销售的内资企业（CN）、正常贸易和国内销售的外资企业（FN）。进一步将投入产出表细化，如表 2 - 1 所示。

表 2 - 1　　　　包括中资企业和外资企业及加工贸易分列生产项目的非竞争性投入产出表

项目		中资企业中间品使用		外资企业中间品使用		最终使用	出口	总输入或进口
		N	P	N	P			
中资企业国内中间品输入	N	Z^{CCN}	Z^{CCP}	Z^{CFN}	Z^{CFP}	Y^C	E^{CN}	X^{CN}
	P	0	0	0	0	0	E^{CP}	X^{CP}
外资企业国内中间品输入	N	Z^{FCN}	Z^{FCP}	Z^{FFN}	Z^{FFP}	Y^F	E^{FN}	X^{FN}
	P	0	0	0	0		E^{FP}	X^{FP}
进口		Z^{MCN}	Z^{MCP}	Z^{MFN}	Z^{MFP}	Y^M	0	M
附加值		V^{CN}	V^{CP}	V^{FN}	V^{FP}			
总输出		$(X^{CN})^T$	$(X^{CP})^T$	$(X^{FN})^T$	$(X^{FP})^T$		—	
外国收入		G^{CN}	G^{CP}	G^{FN}	G^{FP}			

资料来源：Ma Z. Wang，K. Zhu. Domestic content in China's exports and its distribution by firm ownership［J］. Journal of Comparative Economics，2015，43（1）：3 - 18.

在表 2 - 1 的投入矩阵中，上标 C 代表国有企业，上标 F 代表外资企业，上标 M 代表进口。上标 P 代表加工贸易，上标 N 代表国内销售和正常出口，仍然假设正常出口和国内销售使用相同比例的进口投入。

扩展的投入产出表的里昂惕夫（Leontief）逆矩阵可表示为：

$$\bar{B} \equiv \begin{bmatrix} B^{CCN} & B^{CCP} & B^{CFN} & B^{CFP} \\ 0 & I & 0 & 0 \\ B^{FCN} & B^{FCP} & B^{FFN} & B^{FFN} \\ 0 & 0 & 0 & I \end{bmatrix} = (I - \overline{A^D})^{-1}$$

$$= \begin{bmatrix} I - A^{CCN} & -A^{CCP} & -A^{CFN} & -A^{CFP} \\ 0 & I & 0 & 0 \\ -A^{FCN} & -A^{FCP} & I - A^{FFN} & -A^{FFP} \\ 0 & 0 & 0 & I \end{bmatrix}$$

根据 $DVS = A_v (I - A^D)^{-1} = A_v B^D$，则总的出口国内增加值率为：

$$\overline{DVS} = (DVS^{CN} \quad DVS^{CP} \quad DVS^{FN} \quad DVS^{FP}) = \overline{A_v}\overline{B} \quad\quad (2-2)$$

在式（2-1）中，$\overline{A_v} = (A_v{}^{CN} \quad A_v{}^{CP} \quad A_v{}^{FN} \quad A_v{}^{FP})$，这样，对于每个部门可分别计算出四种类型企业的出口国内增加值率。

基于 2007 年中国投入产出表和详细贸易收支统计，并根据中国海关数据库和中国工业企业数据库数据，对每个投入产出表中的企业多样性进行确定。对 2007 年初步估计结果显示：出口国内增加值率为 59%；中国国内外资企业创造的增加值几乎占到中国出口的 45%，而中国加工企业创造的增加值仅占 5%。马、王和祝（Ma，Wang and Zhu，2015）方法是基于产业间后向联系的测算方法。

唐、王和王（Tang，Wang and Wang，2014）将中华人民共和国国家统计局的 42 个行业非竞争性投入产出表细化为 6 个子项目。该 6 个子项目根据三种所有权类型和两种规模建立，分别为大型国有企业（SL）、中小型国有企业（SS）、大型外资企业（FL）、中小型外资企业（FS）、其他大型企业（OL）、其他中小型企业（OS）。扩展的投入产出表，如表 2-2 所示。

表 2-2　　根据所有权、规模和外国企业单列生产项目生成的投入产出表

项目			中间品使用											最终使用	出口	总输出
			大型国有企业（SL）		中小型国有企业（SS）		大型外资企业（FL）		中小型外资企业（FS）		其他大型企业（OL）		其他中小型企业（OS）				
		部门	1	N	1	N	1	N	1	N	1	N	1	N	1	1	1
国内中间品输入	大型国有企业（SL）	1 N	$Z^{SL,SL}$		$Z^{SL,SS}$		$Z^{SL,FL}$		$Z^{SL,FS}$		$Z^{SL,OL}$		$Z^{SL,OS}$		Y^{SL}	E^{SL}	X^{SL}
	中小型国有企业（SS）	1 N	$Z^{SS,SL}$		$Z^{SS,SS}$		$Z^{SS,FL}$		$Z^{SS,FS}$		$Z^{SS,OL}$		$Z^{SS,OS}$		Y^{SS}	E^{SS}	X^{SS}
	大型外资企业（FL）	1 N	$Z^{FL,SL}$		$Z^{FL,SS}$		$Z^{FL,FL}$		$Z^{FL,FS}$		$Z^{FL,OL}$		$Z^{FL,OS}$		Y^{FL}	E^{FL}	X^{FL}

续表

项目		部门	中间品使用 大型国有企业（SL）		中小型国有企业（SS）		大型外资企业（FL）		中小型外资企业（FS）		其他大型企业（OL）		其他中小型企业（OS）		最终使用	出口	总输出
			1	N	1	N	1	N	1	N	1	N	1	N	1	1	1
国内中间品输入	中小型外资企业（FS）	1 N	$Z^{FL,SL}$		$Z^{FL,SS}$		$Z^{FL,FL}$		$Z^{FL,FS}$		$Z^{FL,OL}$		$Z^{FL,OS}$		Y^{FL}	E^{FL}	X^{FL}
	其他大型企业（OL）	1 N	$Z^{OL,SL}$		$Z^{OL,SS}$		$Z^{OL,FL}$		$Z^{OL,FS}$		$Z^{OL,OL}$		$Z^{OL,OS}$		Y^{OL}	E^{OL}	X^{OL}
	其他中小型企业（OS）	1 N	$Z^{OS,SL}$		$Z^{OS,SS}$		$Z^{OS,FL}$		$Z^{OS,FS}$		$Z^{OS,OL}$		$Z^{OS,OS}$		Y^{OS}	E^{OS}	X^{OS}
进口		1 N	$Z^{F,SL}$		$Z^{F,SS}$		$Z^{F,FL}$		$Z^{F,FS}$		$Z^{F,OL}$		$Z^{F,OS}$		Y^{F}	0	M
附加值		1	V^{SL}		V^{SS}		V^{FL}		V^{FS}		V^{OL}		V^{OS}		—		
总输出		1	X^{SL}		X^{SS}		X^{FL}		X^{FS}		X^{OL}		X^{OS}				

资料来源：Tang，Fei Wang，Zhi Wang. The domestic segment of global supply chains in China under state capitalism［R］. Globalization and Monetary Policy Institute Working Paper，2014.

唐、王和王（2014）的方法重点突出对中国不同分组企业的内部贸易进行测算，使用中国制造业企业、服务业企业的调查数据，采用优化约束技术，基于2007年、2010年投入产出表的测算表明，贸易增加值在提升，特别是国有企业。同时还发现，中国国有企业位于全球价值链上游，而我国中小私营企业位于全球价值链下游。这个结果表明，国有企业仍然在中国出口中具有重要作用。国有企业增加值出口明显大于总出口。2007年中国增加值出口比率为1.2，2010年为1.8。其中，2007年80%的增加值出口是间接出口，这一比率在2010年进一步提升。这是一种基于前向关联的测算。但是，由于一些部门的产品作为中间投入被用于其他部门的出口生产，致使这些部门在总出口的实际统计数据中经常表现为出口很少或者根本没有出口，而增加值却可以通过其他部门大量出口（Koopman，Wang and Wei，2014）。由于其测算公式的分母（总出口）并不包括隐含于其他部门产品出口中的间接增加值出口，从而导致其所测算部分类型企业的出口增加值率大于 1。

综合来看，这类研究与胡梅尔斯、石井和易（2013）方法和库普曼、王和魏（2014）方法思路是一脉相承的，即根据不同的企业分组对投入产出模型进一步拆分，其优势在于能较好地考察国内上下游产业的联系。但是，这类研究仅对垂直专业化的第二假设和第三假设给予了部分放松，而在同一企业类型内部仍然假设企业是同质的，并且"同比例"地使用进口中间投入。此外，这类研究也无法回避基于投入产出表进行测算的共同缺陷，即只能进行产业水平上和特定年份的估计，不能研究企业内部变动的因素。

2.3　企业出口国内增加值的测度

彻底放松垂直专业化的第三假设，需要直接使用微观数据，从企业层面进行测度，将增加值贸易国内部分的研究推进到微观层面。从微观企业层面对出口国内增加值进行测度的代表性方法主要有，阿卜沃德、王和郑（Upward，Wang and Zheng，2013）和基和唐（Kee and Tang，2016）。

2.3.1　阿卜沃德、王和郑（2013）测度方法

基于垂直专业化的基本思想考虑加工贸易的特殊性，放松垂直专业化的第三假设以及部分放松第二假设，阿卜沃德、王和郑（2013）提供了使用微观企业数据进行企业出口国内增加值研究的一般模型。该文献对胡梅尔斯、石井和易（2013）方法进行改进，提出从企业层面测算垂直专业化的修正公式如下：

$$VS_{new} = M^p + \frac{M^o}{Y - X^p} X^o \qquad (2-3)$$

在式（2-3）中，p 和 o 分别代表加工贸易和普通贸易。$Y - X^p$ 是总

产出减去加工出口，也等于本国销售加普通出口。$\dfrac{X^o}{Y-X^P}$ 为普通出口占总产出的比例，代表普通进口中间产品用于普通出口的比例。对于没有加工出口、加工进口的企业，$VS_{new} = VS_{HIY}$。对于只从事加工贸易的企业，$VS_{new} = M^P$。

出口中的国内增加值定义为：

$$DS_{new} = X - VS_{new} \qquad\qquad (2-4)$$

出口中的国内增加值率则为：

$$DVS_{new} = \frac{DV_{new}}{X} = 1 - \frac{VS_{new}}{X} \qquad\qquad (2-5)$$

阿卜沃德、王和郑（2013）使用中国工业企业数据库和中国海关数据库的测算结果表明，中国的 DVS_{new} 在 2003~2006 年从 53% 上升到 60%。即使排除所有权、地理位置和所处行业因素，加工出口企业 DVS_{new} 约低于非加工出口企业 50%。将 DVS_{new} 和反映公司特性的一些指标进行回归，结果显示，员工数、总出口中加工出口的比例、所有权、地理位置和公司最近是否进入出口市场或退出出口市场，对 DVS_{new} 也没有显著影响。这表明，出口国内增加值的增长不受进入市场或退出市场所带动，而是一种发生在出口企业中的现象。

阿卜沃德、王和郑（2013）在测算中仍然存在着同比例假设的问题，即在式（2-3）中的第二项隐含的假设是生产出口产品和本国销售产品中使用的普通进口产品的比例是一样的。做这样的假设原因在于，对于普通进口，目前的数据无法提供普通进口在多大程度上用于生产本国销售的产品，或在多大程度上用于生产出口产品。但是，由于企业出口占销售的比例是异质的，所以，这个假设放松了投入产出方法的同比例假设。

但是，阿卜沃德、王和郑（2013）基于企业层面数据的测算，不能追踪增加值在不同国家之间的流转，无法测算库普曼、王和魏（2014）增加值贸易中出口加工后又被进口回来的那部分，也没有考虑企业使用的本国投入有可能来源于进口，以及由于贸易代理商的存在导致的间接出口问题和间接进口问题。

2.3.2　基和唐（2016）的测度方法

基和唐（Kee and Tang，2016）修正垂直专业化的第一假设、第二假设和第三假设，并考虑阿卜沃德、王和郑（2013）忽略的国内材料的国外成分和外国材料的国内成分等因素，提出出口国内增加值的测度方法，并通过理论模型研究出口国内增加值变动的微观基础。

企业（i）的总收入（PY_i）由以下几部分组成：利润（π_i），工资（wL_i），资本成本（rK_i），国内材料成本（$P^D M_i^D$）和进口材料成本（$P^I M_i^I$）。具体见式（2-6）：

$$PY_i \equiv \pi_i + wL_i + rK_i + P^D M_i^D + P^I M_i^I \qquad (2-6)$$

在式（2-6）中：

$$P^D M_i^D \equiv \delta_i^F + q_i^D ; \quad P^I M_i^I \equiv \delta_i^D + q_i^F \qquad (2-7)$$

在式（2-7）中，q_i^D 表示纯国内成分的中间投入，δ_i^D 表示进口材料中包含的国内成分；δ_i^F 表示国内材料中包含的国外成分，q_i^F 表示纯国外成分的进口材料。

企业的出口国内增加值（DVA）定义为企业产出中体现的国内商品和国内服务的总价值：

$$DVA_i \equiv \pi_i + wL_i + rK_i + q_i^D + \delta_i^D \qquad (2-8)$$

对于加工出口企业：

$$EXP_i = DVA_i + IMP_i - \delta_i^D + \delta_i^F - \delta_i^K \qquad (2-9)$$

$$DVA_i = (EXP_i - IMP_i) + (\delta_i^D - \delta_i^F + \delta_i^K) \qquad (2-10)$$

在式（2-9）和式（2-10）中，EXP 表示出口，IMP 表示进口，δ_i^K 表示资本进口。由于加工企业的资本进口与材料进口分开记录，意味着 $\delta_i^K = 0$。进而，可以定义企业出口国内增加值率（DVAR），即企业出口国内增加值占出口总额的比率。

$$DVAR_i \equiv \frac{DVA_i}{EXP_i} = 1 - \frac{P^I M_i^I}{PY_i} - \frac{\delta_i^F}{EXP_i} = 1 - \frac{P^M M_i}{PY_i} \frac{P^I M_i^I}{P^M M_i} - \frac{\delta_i^F}{EXP_i} \qquad (2-11)$$

在式（2-11）中，$P^M M_i = P^I M_i^I + P^D M_i^D$

对于非加工出口企业，DVA 和 DVAR 的测度，如式（2-12）和式（2-13）所示：

$$DVA_i^O = EXP_i - (IMP_i - \delta_i^K + \delta_i^F)\left(\frac{EXP_i}{PY_i}\right) \qquad (2-12)$$

$$DVAR_i^O \equiv \frac{DVA_i}{EXP_i} = 1 - \frac{IMP_i - \delta_i^K + \delta_i^F}{PY_i} \qquad (2-13)$$

基于上述方法，使用中国工业企业数据库和中国海关数据库的相关数据测度结果表明，中国总出口的国内增加值率从 2000 年的 65% 上升到 2006 年的 70%，加工出口的国内增加值率从 2000 年的 45% 上升到 2006 年的 51%，增长了 10%。这种总体上升趋势由所有产业的上升驱动，而不是从低出口国内增加值率产业向高出口国内增加值率产业的资源再分配。也就是说，在这一时期，结构转换在更广泛的产业水平上发挥的作用有限。企业层面的分析揭示了这种增长的原因是企业用国内投入替代进口中间投入，这种替代的原因是国内投入种类的扩张，归因于关税下降和 FDI。

此外，张杰、陈志远和刘元春（2013）在阿卜沃德、王和郑（2013）测算方法的基础上，综合考虑了贸易代理商、中间品间接进口和资本品进口的问题，从微观层面测算企业的出口国内增加值率。测算结果显示，中国的出口国内增加值率从 2000 年的 0.49 上升到 2006 年的 0.57；加工贸易企业的出口国内增加值率显著低于一般贸易企业，外资企业的出口国内增加值率显著低于本土企业；生产技术复杂程度高的行业具有较低的出口国内增加值率；推动中国出口国内增加值率上升的主要动力，是民营企业与从事加工贸易的外资企业。进一步分析发现，FDI 进入是导致加工贸易企业与外资企业的出口国内增加值率上升的重要因素，这可能反映出中国并未获得真正的贸易利得；对发展中国家和新兴工业化国家的出口有利于中国出口国内增加值率的提升。张杰、陈志远和刘元春（2013）除了考虑了资本品折旧，其测度方法与基和唐（2016）方法是基本一致的。

近年来，出口国内增加值已成为中文文献的热点问题。中文文献主要基于阿卜沃德、王和郑（2013）、基和唐（2016）、张杰、陈志远和刘元春（2013）的方法进行测算。

2.3.3　测度方法的比较

综合来看，直接利用微观数据从企业层面进行测算的优势在于，可以直接识别公司的进口是用于加工还是普通出口，能够从企业内部研究增加值变动的因素，并且能够将总体趋势分解为产业内变动和产业间变动，为总体趋势和出口增加值结构提供微观基础。从目前的研究成果来看，微观测算可作为投入产出的补充，并与投入产出方法的结果相互印证。具体来看，几种测度方法的差别在于：首先，对出口国内增加值的测度方法不同。阿卜沃德、王和郑（2013）考虑了进口的不同贸易方式和出口的不同贸易方式，但是没有考虑国内材料的国外成分和外国材料的国内成分，以及由于贸易代理商的存在导致的间接出口问题和间接进口问题。基和唐（Kee and Tang, 2016）考虑了国内材料的国外成分和外国材料的国内成分，以及由于贸易代理商的存在导致的间接出口问题和间接进口问题进行调整。其次，对一般贸易进口材料在出口和国内生产的分配比例假设不同。阿卜沃德、王和郑（2013）对分配比例的假设为 $\dfrac{X^o}{Y - X^p}$，基和唐（2016）和张杰、陈志远和刘元春（2013）对分配比例的假设为 $\dfrac{EXP_i}{PY_i}$。当企业为纯一般贸易出口时，两种比例假设是相同的。当企业为混合贸易出口时，该比例假设不同，基和唐（2016）。张杰、陈志远和刘元春（2013）会低估进口材料在出口中的分配比例。

2.4　中国企业出口国内增加值的影响因素

中文文献在阿卜沃德、王和郑（2013）、基和唐（2016），张杰、陈志远和刘元春（2013）的测度方法基础上，从多角度研究了中国企业出口国内增加值的影响因素。这些影响因素主要有以下 11 个方面。

（1）制造业投入服务化。成丽红和孙天阳等（2017）认为，中国制造业投入服务化与企业出口国内增加值率之间呈"U"形关系。制造业投入服务化对不同贸易类型企业的影响存在差异，其中，对一般贸易企业出口国内增加值率的影响显著为正，而对加工贸易型企业出口国内增加值率和混合贸易型企业出口国内增加值率产生"U"形影响效应。成本降低及技术创新是制造业投入服务化提升企业出口国内增加值率的出口可能渠道。

（2）制造业上游垄断。李胜旗和毛其淋（2017）认为，制造业上游垄断对下游企业出口国内增加值率具有抑制作用，影响渠道是成本加成和研发创新。使用 2000～2007 年中国工业企业数据库和中国海关数据库的匹配数据进行实证研究进一步发现，一般贸易企业和本土企业受到的抑制作用明显高于加工贸易企业和外资企业。中间贸易品自由化有利于缓解这种抑制作用。

（3）融资约束。吕越、吕云龙和包群（2017）认为，融资约束一方面，通过提高增加值贸易的临界生产率抑制了企业增加值贸易的扩展边际；另一方面，通过国内中间投入对国外中间投入的替代效应，促进了增加值贸易的集约边际。这种影响在不同所有制、要素密集度以及行业融资依赖度下存在异质性。

（4）外资进入。毛其淋和许家云（2018）认为，外资进入的水平溢出渠道降低了本土企业的出口国内增加值率，但通过前向关联渠道、后向关联渠道提高了本土企业出口国内增加值率，外资进入总体上促进了本土企业的出口升级。另外，地区制度环境强化了外资进入对本土企业出口国内增加值率的提升作用。

（5）人民币汇率。余淼杰和崔晓敏（2018）认为，一方面，本币贬值通过影响企业对进口中间品和国内中间品的配置，导致其国内附加值比重提高；另一方面，本币贬值还影响出口企业的定价策略，促使其成

本加成提高，使得加工贸易企业的国内附加值占比提高。使用 2000 ~
2009 年的数据，按初始年份进口份额加权的名义有效汇率，通过这两个
渠道使得加工贸易企业的国内附加值占比显著提高。

（6）最低工资。崔晓敏、余淼杰和袁东（2018）使用中国 2000 ~
2007 年企业层面的微观数据，研究了最低工资对中国企业出口国内增加
值占比的影响机制。经验研究发现，最低工资上涨对加工贸易型企业、
低生产率企业和低资本劳动比企业的负向影响显著小于其他企业。

（7）进口中间品质量。诸竹君、黄先海和余骁（2018）分析进口中
间品质量对企业出口国内增加值率的静态影响和动态效应，并使用 2000 ~
2006 年的数据进行实证检验。结果表明，进口中间品质量静态下与企业
出口国内增加值率显著负相关，动态下全样本效应为负，一般贸易企业
不显著，而加工贸易企业显著负相关，研发行为对一般贸易企业进口中
间品质量的动态影响具有调节效应，并发现创新对企业出口国内增加值
率作用的显著中介变量是加成率和相对价格。

（8）市场分割。吕越、盛斌和吕云龙（2018）认为，市场分割对企
业出口的国内增加值率具有负向影响，影响渠道为促进中间品进口、抑
制创新和提高加工贸易占比，并分别从所有制形式、贸易模式、地区划
分和行业要素密集度四个方面实证研究了这种影响的差异。

（9）进口产品转换。祝树金、金小剑和赵玉龙（2018）使用 2000 ~
2006 年中国的数据，研究了进口产品转换对于出口国内增加值率的影响，
认为企业进口产品转换强度对出口国内增加值率具有显著的促进作用，
而进口产品范围扩大对出口国内增加值提升率具有抑制效应。

（10）要素市场扭曲。高翔、刘啟仁和黄建忠（2018）使用 2000 ~
2006 年中国的数据，研究要素市场扭曲程度对出口国内增加值率的影响。
认为要素市场扭曲显著提高了中国企业出口国内增加值率，其主要原因
在于要素市场扭曲造成出口国内增加值率上升的"相对价格效应"大于
其对中国企业出口国内增加值率"成本加成效应"带来的不利影响。

（11）贸易自由化。毛其淋和许家云（2019）使用 2000 ~ 2007 年的

数据，研究了贸易自由化与中国企业出口的国内附加值的影响及其传导机制，结果表明，贸易自由化显著提高了企业出口的国内附加值率，这一效应随企业加工贸易程度的提高而减弱。传导机制检验表明，贸易自由化通过成本加成和研发创新渠道提升了企业出口国内附加值率。此外，资源再配置效应也是重要途径。

从以上研究来看，视角各不相同，但是基本都是基于基和唐（2016）的理论模型进行拓展。此外，有较多的研究都发现，加工贸易企业和一般贸易企业的影响差异，但是并未对两类企业的影响差异给予一般化的理论解释。

2.5　文献评述

在全球价值链已成为当前全球经济重要特征的背景下，增加值贸易核算是纠正传统贸易统计扭曲，正确识别和判断当前国际贸易体系的重要方法，并已得到世界贸易组织（WTO）、经济合作与发展组织（OECD）、联合国贸易和发展会议（UNCTAD）、亚太经济合作组织（APEC）等国际性组织的认可和推进。企业出口国内增加值研究，既有助于克服产业"同比例假设"的弊端以提高进口使用矩阵的准确性，也是深入分析增加值贸易中国内增值部分的微观基础性工作，对于认识全球价值链活动中企业的异质性和驱动因素具有重要意义。该领域的研究，已成为当前的热点和前沿方向。

但是，现有研究在以下三个方面仍需拓展和深化。

第一，缺乏一个统一的、基于企业异质性的一般均衡模型以分析出口国内增加值微观机制。现有研究主要集中在统计上的测度分析和影响因素的实证研究。虽然有较多学者从不同角度研究了企业出口国内增加值的影响因素，但是基本上都是基于基和唐（2016）的理论模型。基和唐（2016）模型属于局部均衡模型，仅从供给层面进行了分析，并且忽略了产品质量等影响企业出口国内增加值的重要因素。因此，在理论研究方面，仍需在构建对于出口国内增加值更具解释力的模型进行深化。

第二，缺乏对不同类型企业出口国内增加值影响因素差异的系统性分析。基和唐（2016）仅针对加工贸易企业的出口国内增加值变动提出了替代机制，但在更广泛的范围内，是否存在其他机制？目前，虽然较多研究都发现不同贸易类型企业的出口国内增加值变动趋势不同，以及各影响因素对不同贸易类型企业的影响异质性，但是并未给予针对性解释。

第三，中国出口国内增加值动态演进的微观结构来源仍需拓展。现有研究将中国出口国内增加值的变动分解为产业内变动和产业间变动，对于其他来源结构缺乏分析。企业贸易模式转型是否为出口国内增加值变动的来源？企业进入、退出全球价值链是否为出口国内增加值变动的来源？对此尚缺乏回答，仍需拓展。

第 3 章　中国出口国内增加值的微观测度

本章在阿卜沃德、王和郑（2013）方法的基础上，结合中国贸易体制下企业进出口方式的多样性组合，根据出口贸易方式将企业划分一般贸易型企业、加工贸易型企业、混合贸易型企业三大类型，提出三大类型企业的出口国内增加值率的基准测度方法。在此基础上，进一步参考基和唐（2016），综合考虑贸易中间商、国内中间投入中的国外成分，对出口国内增加值率进行修正。并使用 2000～2006 年中国海关数据库与 2000～2006 年中国工业企业数据库的匹配数据，对中国企业的出口国内增加值率进行测度，以此衡量中国出口国内增加值的动态演进。

3.1　出口国内增加值率的微观测度方法

3.1.1　出口国内增加值率的基准微观测度方法

阿卜沃德、王和郑（2013）方法是在胡梅尔斯、石井和易（2001）方法垂直专业化的思想基础上，考虑到中国特殊的加工贸易模式，从进口角度区分了加工贸易和一般贸易，对胡梅尔斯、石井和易（2001）方法进行改进。根据阿卜沃德、王和郑（2013）方法微观层面测度垂直专业化（VS）的改进公式为：

$$VS_{new} = M^p + sM^o, \quad s \equiv \frac{X^o}{Y - X^p} \tag{3-1}$$

在式（3-1）中，P 和 O 分别代表加工贸易和一般贸易。$Y-X^P$ 是总产出减去加工出口，即本国销售加上出口，其中，出口数据来自中国海关数据库。M^O 为一般贸易进口的中间投入，根据商品名称编码及协调制度（HS）和按广泛经济类别分类（BEC）的转换进行区分。s 代表用于一般贸易出口的一般贸易进口中间品的比例。

由于无法获取企业进口中间品在出口和国内生产的分配数据，此处仍然采用了比例假设。但是，这一假设考虑了中国加工贸易体制的特殊性。此外，企业用于出口占销售的比例是异质的，因此，在加总为总体层面时，这也放松了投入产出方法中的同比例假设。

由此可以直接测算出口中的国内增加值率 DVS_{new}：

$$DVS_{new} = \frac{DV_{new}}{X} = \frac{X-VS_{new}}{X} = 1 - \frac{VS_{new}}{X} \qquad (3-2)$$

然而，式（3-2）中并未区分出口贸易方式。事实上，根据中国加工贸易的税收优惠制度，能否实现出口是加工贸易型企业能否享受进口环节税收优惠的关键。中国加工贸易制度在原材料进口环节仅是暂时缓缴关税和增值税，其幅度为 13% ~ 17%，需要在完成出口后进行核销。如果生产出来的产品在国内销售，则需要按照一般贸易进行补税。因此，有必要从出口贸易方式角度分类讨论企业的出口国内增加值率。

从出口贸易方式角度，企业可以划分为一般贸易型企业、加工贸易型企业和混合贸易型企业三种类型。一般贸易型企业指，仅有一般贸易出口而无加工贸易出口的企业；加工贸易型企业指，仅有加工贸易出口而无一般贸易出口的企业；混合贸易型企业指，既有一般贸易出口也有加工贸易出口的企业。这三种类型的企业又可能存在不同的进口贸易方式，即存在进出口贸易方式的多样性组合。本书在余淼杰（2013）关于进口企业类型划分的基础上，进一步拓展到企业出口贸易方式和进口贸易方式的多样性组合，具体如图 3-1 所示。

针对以上三种类型企业，分别讨论基准的出口国内增加值率 DVAR1 测度方法。

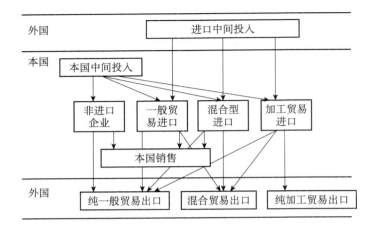

图 3 – 1　企业进出口贸易方式的多样性组合

资料来源：笔者参考余淼杰（2013）的基础上绘制而得。

（1）加工贸易型企业的出口国内增加值率 DVAR1^P。基于中国加工贸易的税收激励政策，加工贸易出口会具有更强的进口中间品投入使用倾向（Ma，Wang and Zhu，2015）。如果企业有出口合同，进口中间品投入会尽可能根据加工贸易方式规定进行进口，而不会采用一般贸易方式进口。因此，对于加工出口企业，进口中间品投入更合理的方式是采用加工贸易方式进口，以享受出口核销后的进口中间品投入税收优惠。如果纯加工出口企业采用一般贸易方式进口，则可推断该进口主要用于国内销售。① 因此，该类企业的 DVAR1^P 定义为：

$$DVAR1^P = 1 - \frac{M^P}{X} \qquad (3-3)$$

（2）一般贸易型企业的出口国内增加值率 DVAR1°。仅有一般贸易出口的企业，其中间品进口方式可能为一般贸易方式、加工贸易方式和混合贸易方式进口。对于一般贸易方式进口的中间产品，按阿卜沃德、王和郑（2013）方法进行识别和比例分配。② 对于加工贸易方式进口的中间

---

① 事实上，在本书的加工贸易型企业样本中，采用一般贸易方式进口的企业仅占样本的 6.8%。

② BEC 和 HS 转换表，参见 http：//unstats. un. org/unsd/cr/registry/regdnld. asp？Lg = 1。

品，由于其可以在完成出口后进行核销以获得免税，因而推断其主要用于出口。因此，该类企业 DVAR1° 定义为：

$$DVAR1^{\circ} = 1 - \frac{M^{p}}{X} - \frac{M^{\circ}}{Y} \qquad (3-4)$$

（3）混合贸易型企业的出口国内增加值率 DVAR1^{m}。根据阿卜沃德、王和郑（2013）并结合以上两种类型的分析，混合贸易型企业的 DVAR1^{m} 可定义为：

$$DVAR1^{m} = 1 - \frac{M^{p}}{X} - \frac{M^{\circ}}{(Y-X^{p})} \frac{X^{\circ}}{X} \qquad (3-5)$$

式（3-5）可进一步写成：

$$DVAR1^{m} = \frac{X^{p}}{X}\left(1 - \frac{M^{p}}{X^{p}}\right) + \frac{X^{\circ}}{X}\left(1 - \frac{M^{\circ}}{Y-X^{p}}\right) \qquad (3-6)$$

根据式（3-6），可以将混合贸易型企业的出口国内增加值率拆分为两部分。式（3-6）右边第一项可近似看作混合贸易型企业通过加工贸易出口实现的出口国内增加值率，第二项可近似看作混合贸易型企业通过一般贸易出口实现的出口国内增加值率。

3.1.2　考虑贸易中间商的修正出口国内增加值率

2004 年之前，由于中国存在贸易经营权的垄断与管制，大量企业的出口事实上是通过有进出口经营权的贸易中间商进行的。根据安、坎德瓦尔和魏（Ahn, Khandelwal and Wei, 2011）研究，中国企业出口中贸易中间商的出口份额在 2000 年高达 35%，即便是取消贸易垄断之后的 2005 年，这一比例仍然高达 22%。通过中间商出口的企业在中国工业企业数据库中被记录为出口，但在中国海关数据库中被记录在代理机构名下。基于此，本书使用的出口数据不同于阿卜沃德、王和郑（2013）使用的出口数据，而是采用了中国工业企业数据库中的出口交货值。由于该数据中已经包含通过中间商的间接出口，因而能保证估计的精确性。

进口方面也存在通过贸易中间商代理进口的情况。如果不考虑通过贸易中间商的间接进口，可能会高估出口的国内增加值。本书借鉴安、坎德瓦尔和韦（Ahn，Khandelwal and Wei，2011）、张杰、陈志远和刘元春（2013）及吕越、罗伟和刘斌（2015）的方法，识别出名称中包含"进出口""经贸""贸易""科贸"或"外经"的中间贸易商，[①] 对于 HS6 位编码产品 k 而言，假定进口 k 产品的企业通过贸易代理商的间接进口份额为：

$$m_k = \frac{im_k^I}{im_k^{All}} \qquad (3-7)$$

在式（3-7）中，im_k^I 表示 k 产品的中间商进口额，im_k^{All} 表示 k 产品的总进口额，企业的进口可修正为：

$$M_m^i = \sum_k \frac{M_k^i}{1-m_k}, \ i=p, \ o \qquad (3-8)$$

根据式（3-8）修正后的 M_m^p 和 M_m^o，分别替代式（3-3）、式（3-4）、式（3-5）中的 M^p 和 M^o，可得到三类企业的考虑贸易中间商修正的 DVAR2：

$$\begin{cases} DVAR2^p = 1 - \dfrac{M_m^p}{X} \\[2mm] DVAR2^o = 1 - \dfrac{M_m^p}{X} - \dfrac{M_m^o}{Y} \\[2mm] DVAR2^m = 1 - \dfrac{M_m^p}{X} - \dfrac{M_m^o}{(Y-X^p)}\dfrac{X^o}{X} \end{cases} \qquad (3-9)$$

3.1.3　考虑国内中间投入中的国外成分的修正的出口国内增加值率

随着国际生产链变得越来越长，中间产品贸易多次跨越国境，导致重复计算部分日益增加。如果不考虑国内中间投入中包含的国外成分（进口中间投入中包含的国内成分），会高估（低估）出口国内增加值率。根据库普曼、王和魏（2014）的测算，在中国进口中间投入中国内成分

---

　　① 中国纯贸易公司被要求使用含有贸易公司或进出口公司字样的公司名称进行注册。

微不足道，可以忽略不计。[①] 但是，国内中间投入中的国外成分大概在 5%～10%区间。本书主要考虑国内中间投入中的国外成分对出口国内增加值率的测算指标进行修正。本书采用库普曼、王和魏（2012）测算的 2007 年国内中间投入中的国外成分为 5%，对企业出口国内增加值率进一步修正后的 DVAR3 测度方法如下：

$$\begin{cases} DVAR3^P = 1 - \dfrac{M_m^p}{X} - \dfrac{5\%\,(M^T - M_m^p)}{X} \\[2mm] DVAR3^o = 1 - \dfrac{M_m^p}{X} - \dfrac{M_m^o}{Y} - \dfrac{5\%\,(M^T - M_m^p - M_m^o)}{X} \\[2mm] DVAR3^m = 1 - \dfrac{M_m^p}{X} - \dfrac{M_m^o}{(Y - X^P)}\dfrac{X^o}{X} - \dfrac{5\%\,(M^T - M_m^p - M_m^o)}{X} \end{cases} \quad (3-10)$$

在式（3-10）中，M^T 为企业的总中间投入。

3.2　数据处理说明

3.2.1　数据来源及数据处理

本书的研究基于企业层面和贸易层面的两个微观数据库，企业层面的数据来源于中国国家统计局编制的中国工业企业数据库；贸易层面的数据来源于中国海关总署编制的中国海关数据库。中国工业企业数据库包含了丰富的信息，但一些样本信息仍存在遗漏或缺失，因此，本书根据相关文献对中国工业企业数据库相关数据进行了处理。本书借鉴布兰特、比塞布鲁克和张（Brandt, Biesebroeck and Zhang, 2012）和余淼杰

[①] 库普曼、王和魏（Koopman, Wang and Wei, 2014）估计，2004 年进口材料中嵌入的国内部分占中国一般出口的 0.7%，其加工出口基本为 0。王等（Wang et al. , 2014）利用世界投入产出数据库（World Input-Output Database, WIOD）的投入产出表更新了这些估算数据，并表明中国出口商使用的进口材料的国内含量占出口的比例从 1995 年的 0.1%上升到 2007 年的 1.3%。进口原料的国内含量在总体水平上较低，因此，对其进行调整不可能对本书的总体出口国内增加值率估计水平和趋势产生重大影响。

（2013）的方法识别出企业标识，将中国工业企业数据库的相关数据处理为面板数据，再剔除了重要财务指标（如总资产、固定资产净值、销售额、工业总产值）有遗漏的样本，并遵循一般公认会计准则（GAAP），还剔除了发生以下情况之一的企业样本：（1）流动资产超过总资产。（2）总固定资产超过总资产。（3）固定资产净值超过总资产。（4）企业识别编号缺失。（5）成立时间无效。通过采用以上严格的筛选标准保证企业数据的质量，筛选后的企业数据在各年减少约50%。此外，由于2004年的数据缺少工业总产值、工业增加值、出口交货值和研究开发费等重要指标，本书参考聂辉华、江艇和杨汝岱（2012）的方法对2004年数据进行估算；① 由于煤炭开采和洗选业、石油和天然气开采业、黑色金属矿采选业、有色金属矿采选业、非金属矿采选业以及其他采矿业的进口波动率较高，② 本书将这些行业剔除以保证数据的稳定性。

在对中国海关数据库相关数据的处理上，本书以海关代码为企业标识，并且在对企业出口国内增加值率测度的过程中，还需要考虑企业出口中存在的过度进口的问题和过度出口的问题。参考基和唐（2016）的研究，将企业出口额小于或等于进口额，以及企业中间品进口额等于0的企业样本剔除。此外，基于垂直专业化的原理，对于只有出口没有中间品进口的企业和仅有中间品进口没有出口的企业，笔者认为其没有直接参与全球价值链，也予以剔除。

3.2.2　数据匹配

根据本书的测度方法，单独使用中国工业企业数据库的相关数据或者中国海关数据库的相关数据均无法测度企业的出口国内增加值率，因此，本书以中国工业企业数据库和中国海关数据库的匹配数据为测度基

---

① 本书在测度2004年数据时，工业总产值和出口交货值均缺失，根据会计准则：工业增加值＝工业总产值－工业中间投入＋增值税；工业增加值＝产品销售额－期初存货＋期末存货－工业中间投入＋增值税。根据上述公式，推导出工业总产值＝产品销售额－期初存货＋期末存货。而出口交货值用海关出口数据乘以相近年份的出口交货值与海关出口的比例来估算。

② 这些行业可能存在根据价格波动而进行的库存管理，本书将这些行业剔除，相应也排除了库存管理对出口国内增加值的影响。

础数据。在具体匹配方法上，本书借鉴余淼杰（2013）采用逐年匹配的
方法，先根据企业中文名称对两个数据库进行匹配，两个数据库中中文
名称相同的企业被视为同一企业，再对剩余样本采用邮政编码＋企业电
话号码后七位为匹配依据，两个数据库中邮政编码＋企业电话号码后七
位相同的企业被视为同一企业。在具体操作上，匹配之前本书先对企业
中文名称进行了相关处理，去掉了名称中的空格符，并将所有半角符号
转换为全角符号。具体匹配结果，如表 3 - 1 所示。

表 3 - 1　　　　　　2000 ~ 2006 年样本总数及不同类型企业占比

年份	样本数（家）	样本数占比（%）			出口额占比（%）			混合贸易型企业内部出口额占比（%）	
		加工贸易	一般贸易	混合贸易	加工贸易	一般贸易	混合贸易	加工贸易	一般贸易
2000	11 544	32.43	18.47	49.10	36.87	11.07	54.69	64.35	35.65
2001	11 337	30.41	20.87	48.72	35.16	12.53	56.93	61.88	38.12
2002	12 586	28.47	22.47	49.06	33.49	9.78	59.23	59.40	40.60
2003	14 286	26.76	25.51	47.73	33.74	11.37	57.69	57.51	42.49
2004	13 529	19.91	27.10	53.00	29.16	7.03	63.81	59.05	40.95
2005	21 675	26.25	27.18	46.57	35.86	11.07	55.76	56.01	43.99
2006	23 556	23.54	28.99	47.47	32.23	13.57	57.93	55.17	44.83

　　资料来源：笔者根据中国海关数据库与中国工业企业数据库的匹配数据，应用 Stata 软件计
算整理而得。

　　由表 3 - 1 可见，企业数量逐年增加，从 2000 年的 11 544 家上升到
2006 年的 23 556 家，增加了 104.05%，由此可见，中国加入世界贸易组
织后参与全球价值链的企业快速增多。从三种不同类型企业的数量在总
样本中所占的比例来看，加工贸易型企业数量占比明显下降，一般贸易
型企业数量占比明显上升，混合贸易型企业数量占比稳中略降。从三种
不同类型企业的出口额占样本总出口额的比例来看①，也呈现加工出口占
比下降和一般出口占比上升的趋势，但是变动幅度明显小于企业数量的
变动幅度。在混合贸易型企业内部，也呈现出加工出口比例下降和一般

――――――――――

　　①　根据余淼杰和崔晓敏（2015）研究，2000 ~ 2006 年，混合贸易企业出口平均占中国总
出口的 36.2%、占总加工出口的 66.1%。由此可见，全球价值链企业中混合贸易企业占比更高，
混合贸易企业内部的贸易模式调整可能对企业出口国内增加值率具有影响。

出口比例上升的趋势，加工出口所占比例略高于一般出口。如果将混合贸易型企业的加工出口和一般出口分别归并到加工贸易型出口和一般贸易型出口中，则2000年加工贸易型出口和一般贸易型出口占比分别为72%和28%，2006年，加工贸易型出口和一般贸易型出口各占50%。由此可见，参与全球价值链的企业比普通出口企业具有更高的加工出口份额。

3.3 测算结果分析

根据前文所测算的企业出口国内增加值率分布情况，具体如图3−2所示。从图3−2中可以看出，DVAR1、DVAR2与DVAR3的概率分布均为负偏态分布，并且，DVAR1与DVAR2的分布几乎完全重合。

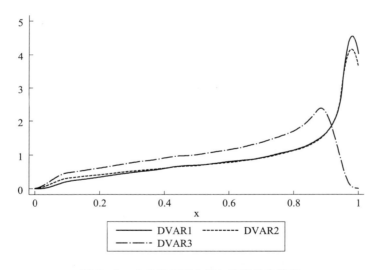

图3−2 企业出口国内增加值率分布情况

资料来源：笔者根据中国海关数据库与中国工业企业数据库的匹配数据测算整理，应用Stata软件绘制而得。

三类出口国内增加值率之间的相关性，通过三类出口国内增加值率的 Pearson 相关系数和 Spearman 等级相关系数进行分析，具体结果如表3−2所示。

表 3 - 2　　　　　　　DVAR1、DVAR2、DVAR3 之间的相关系数

年份	Pearson 相关系数			Spearman 等级相关系数		
	DVAR 1 和 DVAR 2	DVAR 1 和 DVAR 3	DVAR 2 和 DVAR 3	DVAR 1 和 DVAR 2	DVAR 1 和 DVAR 3	DVAR 2 和 DVAR 3
总体	0. 973 9	0. 977 5	0. 957 8	0. 985 6	0. 969 8	0. 962 8
2000	0. 977 0	0. 999 0	0. 976 1	0. 984 9	0. 996 1	0. 980 7
2001	0. 973 6	0. 999 1	0. 973 1	0. 982 8	0. 996 6	0. 979 7
2002	0. 977 5	0. 999 3	0. 977 7	0. 987 2	0. 995 7	0. 983 6
2003	0. 981 0	0. 999 3	0. 980 5	0. 989 8	0. 993 8	0. 983 4
2004	0. 909 2	0. 789 6	0. 725 3	0. 941 3	0. 764 4	0. 729 0
2005	0. 991 1	0. 999 3	0. 990 7	0. 996 4	0. 993 4	0. 989 9
2006	0. 982 0	0. 999 2	0. 981 5	0. 993 3	0. 992 0	0. 985 3

资料来源：笔者根据中国海关数据库与中国工业企业数据库的匹配数据，应用 Stata 软件计算整理而得。

从表 3 - 2 中可以看出，除了 2004 年外，三类出口国内增加值率在其他年度的相关性非常高，并且各相关系数均呈上升趋势。这是因为 2004 年的中间品投入数据并非原始数据，而是根据会计核算公式所测算的数据，但三者之间的相关系数均在 0. 7000 以上。由于三者之间较高的相关性，三类出口国内增加值率在一些简单的数据分析中的结果并不会存在较大差异，因此，在本章之后的分析以及第 4 章的特征性事实分析中均以 DVAR1 数据为基础。①

本书以企业出口额为权重将微观企业层面的出口国内增加值率汇总为宏观层面，与其他方法所测度的出口国内增加值率进行比较，以分析本书测算的准确性。根据 DVAR1 汇总后，2000 年宏观层面的出口国内增加值率为 59%，2006 年为 65%；根据 DVAR2 汇总后，2000 年宏观层面的出口国内增加值率为 57%，2006 年为 63%；根据 DVAR3 汇总后，2000 年宏观层面的出口国内增加值率为 55%，2006 年为 60%。

---

① 采用 DVAR1 数据进行分析的另外一个原因是，中国工业企业数据库中有部分企业缺少中间投入（M_t^T）的数据，导致在估算 DVAR3 时，企业样本数量小于估算 DVAR1 的样本数量。采用 DVAR1 能保留更多样本。

　　与库普曼、王和魏（2012）基于投入产出方法的代表性测度结果相比，本书所测算的出口国内增加值率略高但整体变动趋势相同。[①] 本书测算结果与库普曼、王和魏（2012）的结果非常接近，仅 WTO 之前出口国内增加值率略高于库普曼、王和魏（2012）。其主要原因在于，库普曼、王和魏（2012）的方法是基于投入产出（IO）表，而用于构建 IO 表的样本通常由大型企业组成，由于大型企业的出口国内增加值率相对较低，因此，在构建 IO 表时，对大型企业抽样可能导致对出口国内增加值率总体的估计较低（Kee and Tang，2016）。但是，本书测度结果与库普曼、王和魏（2012）的结果接近并且趋势相同，也说明本书测度结果可以作为基于投入产出方法测度结果的补充，为总体层面的出口国内增加值率变动和行业层面的出口国内增加值率变动提供微观解释。

　　与微观层面的经典文献基和唐（Kee and Tang，2016）的测度结果相比，[②] 本书测度的加工贸易型企业的出口国内增加值率与基和唐（Kee and Tang，2016）非常接近，但是，加总出口国内增加值率低于基和唐（Kee and Tang，2016）。主要原因在于，本书对于加工贸易型企业出口国内增加值率的测度方法与基和唐（Kee and Tang，2016）相同，但是，对于一般贸易型企业的出口国内增加值率的测度方法与基和唐（Kee and Tang，2016）不同。基和唐（Kee and Tang，2016）未区分进口中间品的贸易方式，对于加工贸易进口、一般贸易进口的中间品，均按同比例假设，即按照出口占企业销售总额的比例分配给出口。然而，中国加工贸易方式进口的中间产品，可以在完成出口后进行核销以获得免税。因此，可以推断加工贸易方式进口的中间产品主要会用于出口，而不是按照与一般贸易进口相同的比例在出口和国内销售之间分配。因此，基和唐（Kee and Tang，2016）可能高估了一般贸易出口的出口国内增加值率，进而导致对总体出口国内增加值率的高估。

---

　　① 库普曼、王和魏（Koopman，Wang and Wei，2012）使用 1997 年、2002 年和 2007 年投入产出表，测算的结果为，加入 WTO 之前 DVAR 约为 50%，加入 WTO 后超过 60%。
　　② 基和唐（Kee and Tang，2016）的测度结果是，2000 年中国的 DVAR 为 65%，2006 年为 70.1%；2000 年，加工贸易的出口国内增加值率为 45.9%，2006 年为 52%。

与阿卜沃德、王和郑（2013），张杰、陈志远和刘元春（2013）的测度结果相比[①]，本书的测度结果高于阿卜沃德、王和郑（2013），张杰、陈志远和刘元春（2013），但是趋势相同。本书结果高于阿卜沃德、王和郑（2013）的原因主要在于，本书的出口数据采用的是中国工业企业数据库的出口交货值，并且考虑了中国企业进出口贸易方式的多样性组合[②]，而阿卜沃德、王和郑（2013）采用的是海关出口销售值，仅考虑了进口贸易方式，未考虑出口贸易方式。本书的测度结果高于张杰、陈志远和刘元春（2013）的原因主要在于，张杰、陈志远和刘元春（2013）剔除了资本品进口的折旧。但是，按来源于垂直专业化的出口国内增加值含义，即出口中剔除进口中间投入的部分，考虑进口中包含的国内成分和国内投入中包含的进口成分是合理的，但是并不需要考虑资本品进口的折旧，大多数研究中也未剔除资本品进口的折旧。

总体来看，本书测算结果合理，并且与已有研究趋势一致，运用本书数据进行出口国内增加值率的相关分析是可信的。

3.4　本章小结

本章考虑中国贸易体制下企业进出口方式的多样性组合，从出口贸易方式角度将企业划分为三大类型：一般贸易型企业、加工贸易型企业和混合贸易型企业。基于阿卜沃德、王和郑（2013）的方法，提出三大类型企业出口国内增加值率的基准测度方法（DVAR1）。参考基和唐（Kee and Tang，2016），综合考虑贸易中间商、国内中间投入中的国外成

[①]　阿卜沃德、王和郑（2013）指出，中国的出口国内增加值率 2003 年为 53%，2006 年为 60%。张杰（2013）在不考虑企业从国内所采购的中间投入品中包含的进口成分的情形下，中国的出口国内增加值率 2000 年为 49.13%，2006 年为 57.3%；在考虑企业从国内所采购的中间投入品中包含的进口成分的情形下，中国的出口国内增加值率 2000 年为 48.39%，2006 年为 57.7%。

[②]　考虑这两方面的依据，已在 3.1 节中详细说明。

分等因素，对 DVAR1 进行修正（DVAR2 和 DVAR3）。采用 2000～2006 年中国海关数据库与中国工业企业数据库的匹配数据，测度三类企业的出口国内增加值率，为后续章节的分析提供基础数据。

通过对所测度的出口国内增加值率数据进行初步分析发现，出口国内增加值率的概率分布均为负偏态分布，其中，DVAR1 与 DVAR2 的分布几乎完全重合。除了 2004 年外，三类出口国内增加值率的 Pearson 相关系数和 Spearman 等级相关系数均较高，并呈上升趋势。将本章的测度结果与已有的测度结果进行比较，发现本书测度结果与已有研究趋势一致。

第4章 中国出口国内增加值动态演进的典型化事实

本章将在第 3 章测度的出口国内增加值率数据的基础上,从微观、宏观、结构分解三个层面,分析中国出口国内增加值的相关典型化事实。其中,微观层面分析是指,直接使用第 3 章所测算的出口国内增加值率数据进行分析;宏观层面分析是指,以出口额为权重对所测算的出口国内增加值率数据加总后的总体结果进行分析;结构分解是指,将加总出口国内增加值率的变动根据不同标准分解为不同效应,以分析中国出口国内增加值变动的微观来源结构。根据第 3 章的研究,三类出口国内增加值率间的差异并不显著,因此,本章所用的出口国内增加值率数据均为 DVAR1。

4.1 中国出口国内增加值微观层面的典型化事实

2000 ~ 2006 年,中国不同类型企业的出口国内增加值率变动情况,如表 4 - 1 所示。从表 4 - 1 中可以看出,加工贸易型企业与混合贸易型企业的出口国内增加值率平均水平呈上升趋势,加工贸易型企业的出口国内增加值率平均值从 2000 年的 0.554 3 上升为 2006 年的 0.630 1,混合贸易型企业的出口国内增加值率平均值从 2000 年的 0.711 5 上升为 2006 年的 0.769 7。一般贸易型企业的出口国内增加值率平均值基本保持稳定。

双样本 t 检验的结果显示，一般贸易型企业的出口国内增加值率平均值显著高于混合贸易型企业，而混合贸易型企业的出口国内增加值率平均值显著高于加工贸易型企业。从变异系数来看，加工贸易型企业出口国内增加值率和混合贸易型企业出口国内增加值率的变异系数呈下降趋势，而一般贸易型企业出口国内增加值率的变异系数基本保持稳定。这说明，加工贸易型企业出口国内增加值率和混合贸易型企业出口国内增加值率的企业间差异程度在不断缩小，而一般贸易型企业出口国内增加值率则保持稳定。

表 4 - 1   2000 ~ 2006 年中国不同类型企业的出口国内增加值率总体情况

企业类型	年份	样本数	平均值	标准差	最小值	最大值	变异系数
一般贸易型企业	2000	2 132	0.937 5	0.135 3	0.003 5	1.000 0	0.144 4
	2001	2 366	0.931 5	0.138 3	0.017 9	1.000 0	0.148 4
	2002	2 828	0.937 5	0.128 7	0.033 1	1.000 0	0.137 2
	2003	3 644	0.933 4	0.137 1	0.055 3	1.000 0	0.146 8
	2004	3 666	0.921 8	0.147 7	0.001 1	1.000 0	0.160 3
	2005	5 891	0.929 5	0.143 5	0.031 9	1.000 0	0.154 4
	2006	6 829	0.931 7	0.138 2	0.002 7	1.000 0	0.148 4
加工贸易型企业	2000	3 744	0.554 3	0.264 4	0.000 5	1.000 0	0.476 9
	2001	3 448	0.541 2	0.274 4	0.000 9	1.000 0	0.507 0
	2002	3 583	0.564 8	0.262 4	0.001 9	1.000 0	0.464 6
	2003	3 823	0.563 8	0.261 6	0.000 2	1.000 0	0.464 0
	2004	2 694	0.550 4	0.241 3	0.001 4	1.000 0	0.438 3
	2005	5 690	0.612 4	0.263 6	0.001 8	1.000 0	0.430 7
	2006	5 545	0.630 1	0.263 6	0.000 6	1.000 0	0.418 4
混合贸易型企业	2000	5 668	0.711 5	0.262 0	0.001 7	1.000 0	0.368 2
	2001	5 523	0.715 6	0.261 6	0.000 9	1.000 0	0.365 9
	2002	6 175	0.747 8	0.244 1	0.000 3	1.000 0	0.326 4
	2003	6 819	0.741 7	0.251 3	0.000 3	1.000 0	0.338 8
	2004	7 170	0.734 7	0.236 7	0.003 6	1.000 0	0.322 2
	2005	10 094	0.755 2	0.245 1	0.000 0	1.000 0	0.324 5
	2006	11 182	0.769 7	0.236 7	0.000 9	1.000 0	0.307 5

资料来源：笔者根据中国海关数据库与中国工业企业数据库的匹配数据，应用 Stata 软件计算整理而得。

　　在企业出口国内增加值率的稳定性上，本章计算了出口时间超过 1
年的企业出口国内增加值率变异系数，其平均值为 0.183 0，而其总体变
异系数为 0.351 7。这意味着，企业内出口国内增加值率的差异程度要低
于企业间出口国内增加值率的差异程度。并且，企业内出口国内增加值
率变异系数高于总体变异系数（0.351 7）的样本数为 14 866，出口国内
增加值率均值为 0.442 3，标准差为 0.273 7，出口国内增加值率变异系数
低于总体变异系数（0.351 7）的样本数为 70 717，出口国内增加值率均
值为 0.208 8，根据双样本 t 检验的结果，变异系数较低的企业出口国内
增加值率显著高于变异系数较高的企业。也就是说，出口国内增加值率
变动较大的企业出口国内增加值率较低，出口国内增加值率高的企业出
口国内增加值率变动较小。

　　在不同出口时间①下企业的出口国内增加值率差异方面，情况如表 4 - 2
所示。从表 4 - 2 中可以看出，在同一年度、同一贸易方式下，不同出口时
间的企业出口国内增加值率平均水平并不存在明显的规律性变动趋势。
出口时间较长的企业的出口国内增加值率，并没有显著高于出口时间较
短的企业的出口国内增加值率。

表 4 - 2　　　　不同出口时间下企业出口国内增加值率的具体情况

年份	出口时间（年）	一般贸易型企业出口国内增加值率		加工贸易型企业出口国内增加值率		混合贸易型企业出口国内增加值率	
		均值	标准差	均值	标准差	均值	标准差
2001	1	0.928 7	0.153 6	0.569 2	0.288 1	0.730 8	0.264 4
2001	2	0.932 8	0.130 9	0.532 9	0.269 7	0.711 5	0.261 0
2002	1	0.938 0	0.128 7	0.552 3	0.281 9	0.751 1	0.255 7
2002	2	0.927 3	0.148 0	0.577 3	0.268 7	0.772 3	0.242 6
2002	3	0.942 9	0.116 6	0.563 4	0.256 1	0.739 0	0.241 7
2003	1	0.927 7	0.153 3	0.539 3	0.272 6	0.742 8	0.260 4

---

　　①　由于本书数据为 2000～2006 年的面板数据，因此，本章出口时间以 2000 年为起始年
度，出口时间的范围为 1~7 年。

年份	出口时间（年）	一般贸易型企业出口国内增加值率		加工贸易型企业出口国内增加值率		混合贸易型企业出口国内增加值率	
		均值	标准差	均值	标准差	均值	标准差
2003	2	0.942 2	0.121 9	0.542 2	0.259 3	0.756 9	0.254 4
2003	3	0.929 7	0.146 7	0.576 4	0.269 6	0.760 4	0.251 8
2003	4	0.934 0	0.129 1	0.573 0	0.255 6	0.730 9	0.247 3
2004	1	0.901 9	0.161 7	0.499 4	0.277 4	0.724 5	0.257 6
2004	2	0.921 7	0.147 3	0.532 6	0.241 8	0.718 4	0.248 6
2004	3	0.927 8	0.151 0	0.546 2	0.246 6	0.751 4	0.237 9
2004	4	0.922 6	0.151 4	0.562 8	0.240 8	0.761 0	0.233 9
2004	5	0.924 1	0.138 3	0.557 8	0.238 2	0.727 1	0.230 4
2005	1	0.922 2	0.146 5	0.610 8	0.284 3	0.733 0	0.266 2
2005	2	0.916 8	0.162 3	0.619 6	0.265 7	0.746 7	0.248 1
2005	3	0.938 8	0.131 7	0.589 1	0.263 3	0.761 6	0.252 8
2005	4	0.941 6	0.136 5	0.617 7	0.267 6	0.782 5	0.244 0
2005	5	0.932 5	0.144 2	0.612 7	0.263 8	0.777 1	0.239 3
2005	6	0.940 3	0.113 4	0.610 3	0.252 5	0.746 1	0.236 3
2006	1	0.901 9	0.183 9	0.613 0	0.294 1	0.755 6	0.246 8
2006	2	0.937 9	0.128 5	0.621 1	0.282 7	0.768 2	0.247 2
2006	3	0.927 8	0.138 2	0.639 4	0.260 9	0.761 3	0.243 2
2006	4	0.943 6	0.125 6	0.618 5	0.259 6	0.784 1	0.232 7
2006	5	0.946 2	0.112 4	0.622 6	0.255 6	0.790 2	0.237 4
2006	6	0.933 5	0.140 6	0.644 3	0.248 5	0.782 4	0.236 3
2006	7	0.941 7	0.111 2	0.631 7	0.251 2	0.764 5	0.222 3

资料来源：笔者根据中国海关数据库与中国工业企业数据库的匹配数据，应用 Stata 软件计算整理而得。

在企业性质上，本章根据海关代码将企业分为国有企业、集体企业、民营企业、合作合资企业、外商独资企业五大类型；2000～2006 年，不同性质的企业出口国内增加值率总体情况，如表 4－3 所示。

表 4 – 3　2000 ~ 2006 年不同性质企业的出口国内增加值率总体情况

企业性质	年份	样本数	平均值	标准差	最小值	最大值	变异系数
国有企业	2000	782	0.899 4	0.179 2	0.050 5	1.000 0	0.199 2
	2001	821	0.891 7	0.173 6	0.000 7	1.000 0	0.194 7
	2002	791	0.898 6	0.174 1	0.034 2	1.000 0	0.193 7
	2003	679	0.897 4	0.171 3	0.029 3	1.000 0	0.190 9
	2004	690	0.871 3	0.205 4	0.002 8	1.000 0	0.235 8
	2005	724	0.897 0	0.170 9	0.064 0	1.000 0	0.190 5
	2006	786	0.895 3	0.182 3	0.045 6	1.000 0	0.203 6
集体企业	2000	471	0.901 7	0.176 4	0.002 6	1.000 0	0.195 6
	2001	583	0.903 9	0.167 5	0.004 3	1.000 0	0.185 3
	2002	653	0.912 2	0.161 4	0.013 8	1.000 0	0.177 0
	2003	567	0.914 6	0.163 1	0.007 6	1.000 0	0.178 3
	2004	567	0.888 3	0.174 7	0.012 4	1.000 0	0.196 7
	2005	568	0.910 5	0.159 6	0.012 6	1.000 0	0.175 3
	2006	539	0.917 4	0.154 9	0.043 3	1.000 0	0.168 8
民营企业	2000	107	0.928 4	0.144 3	0.222 2	1.000 0	0.155 4
	2001	220	0.912 4	0.165 9	0.065 3	1.000 0	0.181 9
	2002	445	0.919 1	0.157 5	0.094 8	1.000 0	0.171 4
	2003	807	0.919 9	0.156 6	0.080 5	1.000 0	0.170 2
	2004	1 090	0.896 0	0.181 9	0.020 8	1.000 0	0.203 0
	2005	1 922	0.904 0	0.177 6	0.005 8	1.000 0	0.196 4
	2006	2 835	0.901 1	0.184 4	0.002 7	1.000 0	0.204 7
合作合资企业	2000	4 393	0.698 2	0.274 5	0.001 7	1.000 0	0.393 2
	2001	4 681	0.702 0	0.280 4	0.000 8	1.000 0	0.399 5
	2002	4714	0.739 1	0.261 2	0.005 2	1.000 0	0.353 4
	2003	4 498	0.747 4	0.264 0	0.000 3	1.000 0	0.353 3
	2004	4 584	0.755 4	0.252 0	0.001 1	1.000 0	0.333 6
	2005	5 360	0.789 7	0.244 7	0.000 0	1.000 0	0.309 8
	2006	5 907	0.811 3	0.231 8	0.002 5	1.000 0	0.285 7

续表

企业性质	年份	样本数	平均值	标准差	最小值	最大值	变异系数
外商独资企业	2000	3 708	0.623 7	0.272 1	0.000 5	1.000 0	0.436 2
	2001	4 458	0.635 5	0.279 0	0.001 2	1.000 0	0.439 1
	2002	5 232	0.668 9	0.266 2	0.000 3	1.000 0	0.397 9
	2003	5 956	0.673 5	0.268 7	0.000 2	1.000 0	0.399 0
	2004	6 220	0.688 0	0.251 0	0.001 4	1.000 0	0.364 8
	2005	9 936	0.702 8	0.262 6	0.000 5	1.000 0	0.373 7
	2006	11 940	0.726 5	0.253 9	0.000 6	1.000 0	0.349 6

　　注：在具体操作上，先根据海关代码第6位判断企业性质，再将企业进行分类。其中，1表示国有企业，5表示集体企业，6和7表示民营企业，2和3表示合作合资企业，4表示外商独资企业。

　　资料来源：笔者根据中国海关数据库与中国工业企业数据库的匹配数据，应用Stata软件计算整理而得。

　　从表4-3中可以看出，内资企业（国有企业、集体企业、民营企业）具有更高的出口国内增加值率，其原因可能在于相对于外资企业而言，内资企业获得进口中间品的成本较高，因此，其偏好于投入较少的进口中间品，从而有着较高的出口国内增加值率。这也反映了在内资企业内部的差异，相对而言，国有企业获得进口中间品的成本低于集体企业和民营企业，因此，国有企业的出口国内增加值率略低于集体企业和民营企业。另外，2000~2006年内资企业的出口国内增加值率基本保持稳定，而合作合资企业和外商独资企业的出口国内增加值率迅速上升。这可能与国际分工深化、越来越多的中间品生产外包至中国相关。

4.2　中国出口国内增加值宏观层面的典型化事实

　　首先，将企业层面出口国内增加值率加总至总体层面，对中国总体出口国内增加值率变动趋势进行分析，发现中国总体出口国内增加值率呈现回归式抛物线型变化趋势，具体情况如图4-1所示。

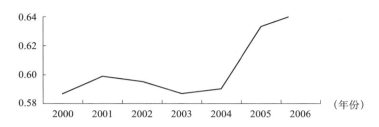

图 4 - 1　2000 ～ 2006 年中国总体出口国内增加值率变动趋势

资料来源：笔者根据中国海关数据库与中国工业企业数据库的匹配数据，应用 Stata 软件绘制而得。

如图 4 - 1 所示，在加入 WTO 前中国总体出口国内增加值率缓慢上升，在加入 WTO 后缓慢下降，2004 年后迅速增长，整体呈先上升再下降最后再上升的回归式变化趋势。这是因为中国在 2000 年后，特别是 2001 年加入 WTO 之后，通过嵌入的方式参与全球价值链，在参与初期，出口国内增加值率略有下降，但随后出现了上升，符合联合国贸易和发展会议（UNCTAD，2013）对于参与全球价值链国家出口国内增加值"U"形走势的分析，也表明中国随着全球价值链参与度的提高，实现了出口国内增加值率的提升。

在行业层面，将企业层面出口国内增加值率加总至《国民经济行业分类》（GB/T4754—2002）2 位码层面，具体结果如表 4 - 4 所示。从表 4 - 4 中可以看出，整体呈上升趋势（出口国内增加值率年平均增长率高于 1%）的行业有：食品制造业，纺织业，纺织服装、鞋、帽制造业，家具制造业，造纸及纸制品业，文教体育用品制造业，石油加工、炼焦及核燃料加工业，医药制造业，化学纤维制造业，橡胶制品业，非金属矿物制品业，有色金属冶炼及压延加工业，通用设备制造业，电气机械及器材制造业，通信设备、计算机及其他电子设备制造业，仪器仪表及文化、办公用机械制造业，工艺品及其他制造业。整体保持稳定（出口国内增加值率年平均变动率低于 1%）的行业有：农副食品加工业，饮料制造业，皮革、毛皮、羽毛（绒）及其制品业，木材加工及木、竹、藤、棕、草制品业，印刷业和记录媒介的复制，塑料制品业，黑色金属冶炼及压延加工业，金属制品业、专用设备制造业。整体呈下降趋势（出口国内增加值率年下降率高于1%）的行业有：化学原料及化学制品制造业、交通运输设备制造业。其中，增速最高的行业为家具制造业，年平均增速为6.33%，下降程度最高的为化学原料及化学制品制造业，年平均下降程度为3.22%。

表4－4　　　　　　2000～2006年2位码行业层面出口国内增加值率

行业代码	2000年	2001年	2002年	2003年	2004年	2005年	2006年
13	0.858 2	0.849 1	0.848 5	0.877 1	0.772 2	0.843 9	0.846 7
14	0.826 7	0.833 5	0.868 0	0.869 4	0.900 5	0.910 5	0.900 4
15	0.890 9	0.841 3	0.868 6	0.864 9	0.898 1	0.935 0	0.938 1
17	0.679 2	0.725 5	0.742 5	0.735 7	0.695 9	0.776 5	0.805 6
18	0.615 8	0.702 4	0.732 6	0.754 3	0.637 2	0.782 6	0.794 5
19	0.769 4	0.597 3	0.646 7	0.690 5	0.671 3	0.724 9	0.744 7
20	0.782 5	0.834 0	0.785 0	0.746 0	0.763 4	0.818 0	0.820 4
21	0.542 7	0.750 5	0.748 6	0.754 8	0.766 2	0.802 3	0.833 8
22	0.510 0	0.485 7	0.524 6	0.526 9	0.570 1	0.520 4	0.630 8
23	0.703 7	0.465 0	0.493 7	0.529 0	0.552 6	0.701 3	0.743 2
24	0.230 9	0.702 6	0.749 9	0.764 3	0.750 2	0.784 8	0.793 4
25	0.689 8	0.857 5	0.634 3	0.658 5	0.837 2	0.888 3	0.912 5
26	0.880 2	0.675 7	0.687 6	0.731 9	0.693 2	0.676 9	0.700 1
27	0.719 2	0.882 5	0.905 0	0.879 0	0.820 4	0.887 0	0.901 6
28	0.575 4	0.706 4	0.752 3	0.665 8	0.532 1	0.685 0	0.670 6
29	0.568 8	0.605 5	0.607 5	0.624 8	0.637 3	0.652 9	0.654 4
30	0.648 2	0.553 0	0.596 3	0.619 4	0.617 7	0.639 9	0.651 0
31	0.760 6	0.638 5	0.705 2	0.852 9	0.828 7	0.835 4	0.865 8
32	0.807 7	0.604 0	0.782 0	0.750 3	0.885 2	0.793 0	0.837 7
33	0.614 6	0.812 9	0.727 8	0.710 5	0.639 9	0.760 0	0.719 1
34	0.754 1	0.659 1	0.701 3	0.707 9	0.725 1	0.766 0	0.802 6
35	0.674 0	0.787 6	0.829 4	0.801 5	0.769 0	0.801 8	0.831 0
36	0.711 2	0.669 9	0.728 6	0.667 7	0.660 0	0.744 9	0.725 9

续表

行业代码	2000 年	2001 年	2002 年	2003 年	2004 年	2005 年	2006 年
37	0.990 5	0.728 6	0.733 4	0.751 9	0.724 6	0.799 8	0.792 5
39	0.615 2	0.632 6	0.969 8	0.688 0	0.699 5	0.724 2	0.763 3
40	0.399 8	0.650 8	0.708 0	0.416 6	0.426 7	0.494 0	0.518 4
41	0.489 3	0.475 0	0.423 9	0.544 3	0.610 6	0.569 5	0.578 7
42	0.754 6	0.500 7	0.510 9	0.740 5	0.599 4	0.820 8	0.835 5

注：行业代码自上而下分别表示：13 农副食品加工业，14 食品制造业，15 饮料制造业，17 纺织业、18 纺织服装、鞋、帽制造业，19 皮革、毛皮、羽毛（绒）及其制品业，20 木材加工及木、竹、藤、棕、草制品业，21 家具制造业，22 造纸及纸制品业，23 印刷业和记录媒介的复制，24 文教体育用品制造业，25 石油加工、炼焦及核燃料加工业，26 化学原料及化学制品制造业，27 医药制造业，28 化学纤维制造业，29 橡胶制品业，30 塑料制品业，31 非金属矿物制品业，32 黑色金属冶炼及压延加工业，33 有色金属冶炼及压延加工业，34 金属制品业，35 通用设备制造业，36 专用设备制造业，37 交通运输设备制造业，39 电气机械及器材制造业，40 通信设备、计算机及其他电子设备制造业，41 仪器仪表及文化、办公用机械制造业，42 工艺品及其他制造业。

资料来源：笔者根据中国海关数据库与中国工业企业数据库的匹配数据，应用 Stata 软件计算整理而得。

本章参照经济合作与发展组织（OECD）的分类，将以上结果进一步加总为低技术行业出口国内增加值率、中技术行业出口国内增加值率、中高技术行业出口国内增加值率以及高技术行业的出口国内增加值率。按技术含量汇总的出口国内增加值率结果，如图 4 - 2 所示。

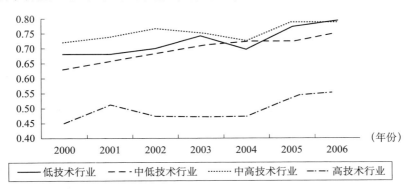

图 4 - 2　不同技术含量行业的出口国内增加值率变动趋势

资料来源：笔者根据中国海关数据库与中国工业企业数据库的匹配数据，应用 Stata 软件绘制而得。

从图 4-2 中可以看出，高技术行业出口国内增加值率低于其他产业，但是提升明显。中国高技术行业出口国内增加值率在 2001 年加入WTO 后略有下降，2004 年之前呈现倒"U"形走势，反映出中国高技术产业在嵌入全球价值链的初期，由于进口中间投入增加，出口国内增加值率下降，但之后实现了缓慢升级。在 2005 年、2006 年快速提升，与其他技术含量产业的差距缩小。高技术行业的出口国内增加值率明显低于其他产业的主要原因在于，高技术行业具有更为复杂的全球价值链体系，重复计算部分更多。低技术行业的出口国内增加值率和中高技术行业的出口国内增加值率比较接近，均高于中低技术行业的出口国内增加值率和高技术行业的出口国内增加值率。中高技术行业的出口国内增加值率较高的原因可能在于，该行业出口中加工贸易出口所占比重较低。根据国家商务部中国全球价值链课题组（2014）的研究报告显示，2012 年，中高技术行业中出口比重最高的两大子行业为通用设备制造业和专业设备制造业，这两个行业加工贸易出口占部门出口的比重分别为 23.2% 和28.2%。而低技术行业中出口比重较高的纺织服装、皮革毛皮羽毛、文教体育用品的加工贸易出口占部门出口的比重分别为 22.9%、23.7% 和50.7%；中低技术行业中出口比重最高的塑料橡胶行业，加工贸易出口占部门出口的比重为 34.9%。由此可见，中高技术行业加工贸易比例较低。由于一般贸易型企业具有更高的出口国内增加值率，因此，中高技术行业的出口国内增加值率较高。

4.3　中国出口国内增加值的结构分解

基于微观企业数据测度的出口国内增加值，为加总数据的结构分解提供了可能。通过对加总出口国内增加值率变动的分解，可以揭示中国出口国内增加值变动的来源结构特征。以下将从产业结构，贸易方式和企业进入动态、企业退出动态三方面对不同技术含量行业的出口国内增加值率变动进行分解，以揭示各行业出口国内增加值变动的来源结构方面的典型化事实。

4.3.1　基于产业结构的分解

因为不同技术含量产业的出口国内增加值率存在明显差异，特别是高技术含量产业具有更低的出口国内增加值率的特征，所以，本书将阿卜沃德、王和郑（2013）、基和唐（Kee and Tang，2016）的总体分解方法进一步扩展到不同技术含量的产业层面，考察不同技术含量产业的出口国内增加值率变动是来自内部组成产业的产业内变动还是产业间的结构调整。本书对不同技术含量产业出口国内增加值率的分解方法如下：

$$\Delta DVAR_t = \underbrace{\sum_{j \in I_{it}} \overline{w_{jt}} \left(\Delta DVAR_{jt} \right)}_{\text{产业内变动效应}} + \underbrace{\sum_{j \in I_{it}} \left(\overline{DVAR_{jt}} \right) \left(\Delta w_{jt} \right)}_{\text{产业间结构调整效应}} \qquad (4-1)$$

在式（4-1）中：$\overline{w_{jt}} = \dfrac{1}{2} \left(\dfrac{X_{j,t}}{X_t} + \dfrac{X_{j,t-1}}{X_{t-1}} \right)$，$\overline{DVAR_{jt}} = \dfrac{1}{2} \left(DVAR_{jt} + DVAR_{j,t-1} \right)$。

式（4-1）右边第一项是产业内变动效应，第二项为产业间结构调整效应。不同技术含量产业的分解结果，如表4-5所示。

表4-5　　不同技术含量行业的出口国内增加值率各年度变化分解

产业	年度	ΔDVAR	产业内变化动效应	产业间结构调整效应
低技术产业	2000~2001	0.003 3	-0.001 1	0.004 4
	2001~2002	0.015 9	0.025 5	-0.009 6
	2002~2003	0.047 8	0.037 4	0.010 3
	2003~2004	-0.045 1	-0.051 7	0.006 7
	2004~2005	0.077 6	0.084 5	-0.006 9
	2005~2006	0.019 2	0.022 0	-0.002 8
中低技术产业	2000~2001	0.023 7	0.020 5	0.003 2
	2001~2002	0.032 0	0.031 7	0.000 3
	2002~2003	0.023 1	0.024 4	-0.001 2
	2003~2004	0.013 4	0.003 5	0.009 9

续表

产业	年度	ΔDVAR	产业内变化动效应	产业间结构调整效应
中低技术产业	2004 ~ 2005	0.019 0	0.019 3	- 0.000 3
	2005 ~ 2006	0.024 7	0.019 1	0.005 6
中高技术产业	2000 ~ 2001	0.019 8	0.019 9	- 0.000 1
	2001 ~ 2002	0.027 5	0.025 8	0.001 7
	2002 ~ 2003	- 0.012 3	- 0.010 4	- 0.001 8
	2003 ~ 2004	- 0.028 0	- 0.025 6	- 0.002 4
	2004 ~ 2005	0.014 1	0.014 3	- 0.000 2
	2005 ~ 2006	- 0.000 4	0.002 9	- 0.003 3
高技术产业	2000 ~ 2001	0.062 4	0.065 9	- 0.003 5
	2001 ~ 2002	- 0.038 4	- 0.029 5	- 0.008 9
	2002 ~ 2003	- 0.002 6	- 0.103 2	0.100 5
	2003 ~ 2004	0.002 1	0.014 5	- 0.012 3
	2004 ~ 2005	0.017 0	0.000 3	0.016 8
	2005 ~ 2006	0.021 2	0.025 4	- 0.004 3

资料来源：笔者根据中国海关数据库与中国工业企业数据库的匹配数据，应用 Stata 软件计算整理而得。

　　由该分解结果来看，低技术产业和中高技术产业出口国内增加值率变动与产业内变动的趋势线基本重合，而产业间的变动基本稳定，与总体变动关系不大。中低技术产业和高技术产业在 2004 年出现明显波动，其他年份也呈现总体变动的趋势线与产业内变动的趋势线基本重合，而产业间的变动基本稳定的特征。从平滑后的年均变化分解结果也可以看出，产业内变动与各技术含量产业的总体变动一致，是总体出口国内增加值率变动的主要来源，见表 4 - 5。

　　从表 4 - 5 中还可以发现，低技术产业的产业间结构调整对该产业总体出口国内增加值率变动的贡献为正，即高出口国内增加值率行业占比提高和低出口国内增加值率行业占比降低；中低技术产业、中高技术产业和高技术产业的产业间结构调整贡献均为负，即呈现出高出口国内增加值率行业占比下降和低出口国内增加值率行业占比提高的结构特征。以上结果表明，不同技术含量产业出口国内增加值率提升均主要来自产业内提升，产业间的结构调整作用非常有限。该分解结果从不同技术含量产业的角度，进一步验证了阿卜沃德、王和郑（2013）、基和唐（Kee and Tang，2016）对总体分解的观点。

4.3.2　基于贸易模式的分解

加工贸易是中国对外贸易的特色。但是，近年来中国呈现出贸易模式转型的特征，即加工贸易出口占总出口的比重逐渐下降，而一般贸易出口占总出口的比重逐渐上升。2000 年，一般贸易占出口总额的 42.1%，该比重 2006 年上升为 45.3%，上升了 3.2%。为研究中国加总出口国内增加值率的提升是否来源于加工贸易向一般贸易的转型，以及这种转型对总体变动的贡献，本书进一步将中国出口国内增加值率的总体变动分解为贸易模式内变动效应和贸易模式转型效应两部分。基于贸易模式进行分解，具体如下：

$$\Delta DVAR_t = \underbrace{\sum \overline{w_{kt}} \left(\Delta DVAR_{kt} \right)}_{\text{贸易模式内变动效应}} + \underbrace{\sum \left(\overline{DVAR_{kt}} \right) \left(\Delta w_{kt} \right)}_{\text{贸易模式转型效应}} \qquad (4-2)$$

在式（4-2）中：$\overline{w_{kt}} = \frac{1}{2} \left(\frac{X_{k,t}}{X_t} + \frac{X_{k,t-1}}{X_{t-1}} \right)$，$\overline{DVAR_{kt}} = \frac{1}{2} \left(DVAR_{kt} + DVAR_{k,t-1} \right)$。

$\sum \overline{w_{kt}} \left(\Delta DVAR_{kt} \right)$ 是贸易模式内变动效应，$\sum \left(\overline{DVAR_{kt}} \right) \left(\Delta w_{kt} \right)$ 为贸易模式转型效应。k 表示贸易方式，具体包括一般贸易方式和加工贸易方式。$\Delta DVAR$ 为该阶段年末出口国内增加值率减去该阶段年初出口国内增加值率。

根据式（4-2）本书先对出口国内增加值率的逐年变动进行分解，结果如表 4-6 所示。在出口国内增加值率逐年变动的分解结果中，较多结果显示，贸易模式内变动和贸易模式转型均是出口国内增加值率变动的主要来源。由于 2002~2003 年出口国内增加值率波动较大，为剔除 2002~2003 年极端值的影响，平滑出口国内增加值率变动，本书根据图 4-1 所显示的出口国内增加值率变动，进一步对 2001~2004 年的下降阶段和 2004~2006 年的上升阶段，以及 2000~2006 年的总体阶段进行分解。不同阶段的分解结果表明：2001~2004 年，贸易模式内变动对总体变动的贡献为 51.96%，贸易模式转型对总体变动的贡献为 48.04%。
2004～2006 年，贸易模式内变动对总体变动的贡献为 63.92%，贸易模式
转型对总体变动的贡献为 36.08%；2000～2006 年，贸易模式内变动对总
体变动的贡献为 75.38%，贸易模式转型对总体变动的贡献为 24.62%。

表 4 – 6   基于贸易模式的出口国内增加值率分解结果

项目	年度	ΔDVAR	贸易模式内变动效应	贸易模式转型效应	贸易模式内变动贡献率（%）	贸易模式转型贡献率（%）
逐年分解	2000～2001	0.026 6	0.019 0	0.007 6	71.58	28.42
	2001～2002	- 0.017 5	- 0.006 7	- 0.010 8	38.28	61.72
	2002～2003	0.001 8	- 0.007 8	0.009 6	- 427.96	527.96
	2003～2004	- 0.030 0	- 0.009 3	- 0.020 8	30.85	69.15
	2004～2005	0.068 8	0.046 7	0.022 1	67.90	32.10
	2005～2006	0.015 8	0.007 3	0.008 4	46.57	53.43
阶段分解	2001～2004	- 0.045 7	- 0.023 7	- 0.021 9	51.96	48.04
	2004～2006	0.084 5	0.054 0	0.030 5	63.92	36.08
	2000～2006	0.065 4	0.049 3	0.016 1	75.38	24.62

资料来源：笔者根据中国海关数据库与中国工业企业数据库的匹配数据，应用 Stata 软件计算整理而得。

总体来看，中国出口国内增加值率变动既来源于贸易模式内变动，
也来源于贸易模式转型。贸易模式内变动是中国出口国内增加值率变动
的主要来源。贸易模式转型，即加工贸易方式向一般贸易方式转型，也
是中国出口国内增加值率变动不容忽视的重要来源。

4.3.3   基于企业进入动态、企业退出动态的分解

为进一步研究出口国内增加值率变动的来源，分析企业进入动态、
企业退出动态是否会对出口国内增加值率变动产生影响，本书引入企业
进入动态、企业退出和企业持续动态，参考梅利兹和波拉内克（Melitz
and Polanec，2015）对生产率的动态分解思路，进一步分解出口国内增加
值率变动。

出口国内增加值率的变动可表达为式（4 – 3）：

$$\Delta DVAR_{jt} = \sum_{i \in (S,N)} \omega_{it} DVAR_{it} - \sum_{i \in (S,X)} \omega_{it-1} DVAR_{it-1} \qquad (4-3)$$

在式（4-3）中，S、N、X 分别表示持续存在企业、新进入企业和退出企业的集合。式（4-3）右边第一项可进一步表示为：

$$\sum_{i \in (S,N)} \omega_{it} DVAR_{it} = \sum_{i \in S} \omega_{it} \times \sum_{i \in S} \left(\frac{\omega_{it}}{\sum_{i \in S} \omega_{it}} DVAR_{it} \right)$$
$$+ \sum_{i \in N} \omega_{it} \times \sum_{i \in N} \left(\frac{\omega_{it}}{\sum_{i \in N} \omega_{it}} DVAR_{it} \right) \qquad (4-4)$$

令：$\omega_{St} = \sum_{i \in S} \omega_{it}$，$DVAR_{St} = \sum_{i \in S} \left(\frac{\omega_{it}}{\sum_{i \in S} \omega_{it}} DVAR_{it} \right)$，$\omega_{Nt} = \sum_{i \in N} \omega_{it}$，$DVAR_{Nt} = \sum_{i \in N}$
$\left(\frac{\omega_{it}}{\sum_{i \in N} \omega_{it}} DVAR_{it} \right)$，根据 $\omega_{St} + \omega_{Nt} = 1$，式（4-4）可简化为：

$$\sum_{i \in (S,N)} \omega_{it} DVAR_{it} = DVAR_{St} + \omega_{Nt} \left(DVAR_{Nt} - DVAR_{St} \right) \qquad (4-5)$$

同理，式（4-3）右边第二项可进一步表示为：

$$\sum_{i \in (S,X)} \omega_{it-1} DVAR_{it-1} = \sum_{i \in S} \omega_{it-1} \times \sum_{i \in S} \left(\frac{\omega_{it-1}}{\sum_{i \in S} \omega_{it-1}} DVAR_{it-1} \right)$$
$$+ \sum_{i \in X} \omega_{it-1} \times \sum_{i \in X} \left(\frac{\omega_{it-1}}{\sum_{i \in X} \omega_{it-1}} DVAR_{it-1} \right) \qquad (4-6)$$

令：$\omega_{Xt-1} = \sum_{i \in X} \omega_{it-1}$，$DVAR_{Xt-1} = \sum_{i \in X} \left(\frac{\omega_{it-1}}{\sum_{i \in X} \omega_{it-1}} DVAR_{it-1} \right)$，并结合 $\omega_{St-1} +$
$\omega_{Xt-1} = 1$，式（4-6）可化简为：

$$\sum_{i \in (S,X)} \omega_{it-1} DVAR_{it-1} = DVAR_{St-1} + \omega_{Xt-1} \left(DVAR_{Xt-1} - DVAR_{St-1} \right)$$
$$(4-7)$$

代入式（4-3）得：

$$\Delta DVAR_{jt} = \left(DVAR_{St} - DVAR_{St-1} \right) + \omega_{Nt} \left(DVAR_{Nt} - DVAR_{St} \right)$$
$$+ \omega_{Xt-1} \left(DVAR_{St-1} - DVAR_{Xt-1} \right) \qquad (4-8)$$

式（4-8）可以改写为：

$$\Delta DVAR_{jt} = \Delta DVAR_{St} + \omega_{Nt} \left(DVAR_{Nt} - DVAR_{St} \right)$$
$$+ \omega_{Xt-1} \left(DVAR_{St-1} - DVAR_{Xt-1} \right) \qquad (4-9)$$

在式（4 - 9）中，$\Delta DVAR_{St}$可按式（4 - 10）分解为：

$$\Delta DVAR_{St} = \sum_{i \in S} \left(\frac{\omega_{it}}{\sum_{i \in S} \omega_{it}} DVAR_{it} \right) - \sum_{i \in S} \left(\frac{\omega_{it-1}}{\sum_{i \in S} \omega_{it-1}} DVAR_{it} \right)$$

$$= \sum_{i \in S} \overline{w_{Sit}} \, (\Delta DVAR_{it}) + \sum_{i \in S} \overline{(DVAR_{it})} \, (\Delta w_{Sit}) \qquad (4-10)$$

将式（4 - 10）代入式（4 - 9），最终分解结果为：

$$\Delta DVAR_{jt} = \underbrace{\underbrace{\sum_{i \in S} \overline{w_{Sit}} \, (\Delta DVAR_{it})}_{\text{持续企业内水平变动效应}} + \underbrace{\sum_{i \in S} \overline{(DVAR_{it})} \, (\Delta w_{Sit})}_{\text{持续企业间份额变动效应}}}_{\text{集约边际}}$$

$$\underbrace{+ \underbrace{\omega_{Nt} \, (DVAR_{Nt} - DVAR_{St})}_{\text{进入效应}} + \underbrace{\omega_{Xt-1} \, (DVAR_{St-1} - DVAR_{Xt-1})}_{\text{退出效应}}}_{\text{扩展边际}}$$

$$(4-11)$$

在式（4 - 11）中，出口国内增加值率的跨期变化分解为持续企业内水平变动效应、持续企业间份额变动效应、进入效应和退出效应 4 个方面。持续企业内水平变动效应，代表持续存在企业两期间的出口国内增加值率变化；持续企业间份额变动效应，代表持续存在企业间的结构调整，如果企业间效应为正，说明高出口国内增加值率的企业份额有增加趋势；进入企业效应，代表新进入企业对出口国内增加值率的影响；退出效应，代表退出企业对出口国内增加值率的影响。本书将持续企业内水平变动效应和持续企业间份额变动效应之和，定义为出口国内增加值率变化的集约边际；将进入效应和退出效应之和，即净进入效应，定义为出口国内增加值率变化的扩展边际。

相关研究中存在多种界定持续企业的方法，具体包括：两年判断标准（Eaton，Eslava and Kugler et al.，2007；谭智、王翠竹和李冬阳，2014）、三年判断标准（杨连星、刘晓光和罗来军，2016；张静、胡倩和谭桑，2013）、时间段考察（李玉红、王皓和郑玉歆，2008）、净进入率法（杨天宇和张蕾，2009；陈艳莹、原毅军和游闽，2008）。比较上述不同的界定方法可以发现：对于两年判断标准，杨连星、刘晓光和罗来军（2016）认为，只考虑企业在连续两年内的表现，可能会出现样本的偏失定义问题，对仅存在一年的出口关系出现定义误差；而三年判断标准通过观察出口关系三年的情况，可以有效地克服这一缺陷；对于时间段界定法，考察一段时间，对存活企业的界定仅观察两个时间端点，并且将中间某段时间不存在，但是后来又出现的企业也视为持续企业，可能会高估企业的持续时间；对于净进入率法，存在难以区分进入效应和退出效应，以及无法准确地界定持续企业的问题。综上比较而言，三年判断标准能更准确地界定企业的进入、退出。因此，本书采用三年判断标准来识别企业生存。参考杨连星、刘晓光和罗来军（2016），张静、胡倩和谭桑（2013），将 t - 1 期不存在，t 期及 t + 1 期存在的企业视为新进入企业。将 t - 1 期、t 期和 t + 1 期都存在的企业视为持续企业。将 t - 1 期及 t 期存在，t + 1 期不存在的企业视为退出企业。在观测期间 t 期存在，t - 1 期和 t + 1 期都不存在的企业视为仅存活 1 年。

根据上述界定方法，各年份企业进入、退出样本数，如表 4 - 7 所示。未剔除仅存活 1 年企业样本中，除 2005 年外，各年的进入率基本在 33% ~ 40%，退出率在 25% ~ 40%。[①] 剔除仅存活 1 年样本后，除 2005 年之外的其他年份，进入率基本在 27% ~ 36% 区间，退出率在 19% ~ 35%。可见，不剔除仅存活 1 年的企业，会高估企业的进入率和退出率。

表 4 - 7　　　　　　　　企业进入、企业退出样本数

年份	样本数（家）	进入数（家）	退出数（家）	进入率（%）	退出率（%）	剔除仅存活 1 年企业		
						样本数（家）	进入率（%）	退出率（%）
2000	11 544	—	—	—	—	9 889	—	—
2001	11 337	3 553	2 964	38.22	40.01	10 478	35.93	29.97
2002	12 586	3 473	2 069	36.84	25.83	11 882	33.15	19.75
2003	14 286	4 120	2 619	39.91	26.40	13 383	34.67	22.04
2004	13 529	3 732	4 679	33.77	39.07	12 436	27.89	34.96

① 2005 年，企业进入率高达 91.57%，其原因可能是 2004 年进行了全国第一次工业普查，相比之前建立了更为完善的企业登记注册体系（Brandt. Biesebroeck and Zhang，2012），使得更多私营企业进入统计系统。

续表

年份	样本数（家）	进入数（家）	退出数（家）	进入率（%）	退出率（%）	剔除仅存活1年企业		
						样本数（家）	进入率（%）	退出率（%）
2005	21 675	10 733	3 149	91. 57	31. 35	20 020	86. 31	25. 32
2006	23 556	6 313	4 512	37. 13	28. 45	21 821	31. 53	22. 54

注："—"表示无数据。

资料来源：笔者根据中国海关数据库与中国工业企业数据库的匹配数据，应用 Stata 软件计算整理而得。

　　剔除仅存活 1 年的样本企业中，持续企业、进入企业、退出企业历年的出口国内增加值率均值，如表 4 - 8 所示。由于存在数据右删失问题，即无法获得 2006 年之后的企业生存状态，为处理该问题，本书将企业动态分解样本期间确定为 2000～2005 年。由表 4 - 8 可知，中国企业的出口国内增加值率总体平均水平远高于加权总体水平，反映了低出口国内增加值率的企业占有更大的权重。退出企业的出口国内增加值率均值高于进入企业和持续企业，由此可初步推断，中国出口国内增加值率提升并非由于低出口国内增加值率企业退出所导致。

表 4 - 8　　持续企业、进入企业、退出企业历年出口国内增加值率均值

企业	2001 年	2002 年	2003 年	2004 年	2005 年
总体	0. 705 1	0. 734 4	0. 739 7	0. 749 0	0. 760 7
持续企业	0. 685 4	0. 731 9	0. 733 6	0. 748 6	0. 769 2
进入企业	0. 720 4	0. 724 1	0. 747 3	0. 742 9	0. 741 9
退出企业	0. 744 9	0. 755 8	0. 745 0	0. 757 5	0. 788 0

资料来源：笔者根据中国海关数据库与中国工业企业数据库的匹配数据，应用 Stata 软件计算整理而得。

　　比较同一代际（cohort）进入的企业在随后年份出口国内增加值率的变动，可以在一定程度上反映持续企业出口国内增加值率的动态演进。本书选取生存年数为 4 年的持续企业样本，计算不同代际进入企业在随后年份的出口国内增加值率均值，结果如表 4 - 9 所示。从表 4 - 9 可见，不同代际进入企业在持续期间内出口国内增加值率均值大体上呈提升趋势。因此，持续企业出口国内增加值率提升的机制，应是解释中国总体

出口国内增加值提升的重要方面，本书将在第 5 章、第 6 章分别从理论和
实证层面分析中国出口国内增加值提升的微观机制。

表 4 - 9　　　不同代际进入企业在随后年份的出口国内增加值率均值

进入代际	第 1 年	第 2 年	第 3 年	第 4 年
2001 年进入	0.687 8	0.725 9	0.752 0	0.778 1
2002 年进入	0.809 1	0.802 6	0.791 5	0.865 5
2003 年进入	0.738 1	0.765 8	0.796 6	0.832 2
2004 年进入	0.762 1	0.785 9	0.790 4	—

注：数据包含了 2006 年持续企业数据，以更长期的反映持续企业出口国内增加值率的动态
演进。"—"表示无数据。

资料来源：笔者根据中国海关数据库与中国工业企业数据库的匹配数据，应用 Stata 软件计
算整理而得。

根据式（4 - 11），采用剔除仅存活 1 年的企业样本，对不同技术含
量产业和总体出口国内增加值率变动进行分解。首先，对各技术含量产
业出口国内增加值率和中国出口国内增加值率进行逐年变动分解；其次，
为剔除极端值的影响以平滑出口国内增加值率变动，根据中国出口国内
增加值率演进的几个阶段，分别对 2001 ~ 2004 年、2000 ~ 2005 年的出口
国内增加值率变动进行分解。具体结果如表 4 - 10 所示。[①]

表 4 - 10　　　　基于企业动态的中国出口国内增加值率分解结果

项目	年份	ΔDVAR	集约边际变动	扩展边际变动	集约边际贡献率（%）	扩展边际贡献率（%）
低技术产业	2000 ~ 2001	0.012 2	- 0.010 8	- 0.001 1	- 97.70	197.70
	2001 ~ 2002	0.014 3	0.045 1	- 0.006 5	269.14	- 169.14
	2002 ~ 2003	0.028 8	0.009 4	0.018 1	95.63	4.37
	2003 ~ 2004	- 0.017 0	0.014 5	- 0.008 7	- 33.82	133.82
	2004 ~ 2005	0.053 5	0.035 9	0.010 9	87.57	12.43
	2001 ~ 2004	0.026 1	0.069 0	0.002 8	275.03	- 175.03
	2000 ~ 2005	0.091 8	0.094 2	0.012 6	116.36	- 16.36

①　由于企业动态分解过程中剔除了仅存在 1 年的企业，因此，本部分样本与前文样本不
同，相应的总体出口国内增加值率的变动也与前文略有差别。

续表

项目	年份	ΔDVAR	集约边际变动	扩展边际变动	集约边际贡献率（%）	扩展边际贡献率（%）
中低技术产业	2000~2001	0.036 9	−0.002 2	−0.008 1	−27.85	127.85
	2001~2002	0.036 4	0.039 4	0.008 5	131.49	−31.49
	2002~2003	0.031 1	0.009 8	0.014 6	78.14	21.86
	2003~2004	0.056 6	−0.011 7	0.044 8	58.34	41.66
	2004~2005	−0.020 7	0.024 7	0.003 1	−134.73	234.73
	2001~2004	0.124 1	0.037 4	0.067 8	84.76	15.24
	2000~2005	0.232 2	0.154 1	0.075 4	98.86	1.14
中高技术产业	2000~2001	0.023 1	−0.010 1	0.013 3	13.83	86.17
	2001~2002	0.032 5	0.046 3	−0.014 3	98.28	1.72
	2002~2003	−0.026 3	−0.018 5	0.003 0	59.25	40.75
	2003~2004	0.105 4	0.044 4	0.082 4	120.32	−20.32
	2004~2005	−0.034 4	0.024 9	−0.071 2	134.63	−34.63
	2001~2004	0.111 7	0.072 1	0.071 1	128.26	−28.26
	2000~2005	0.332 5	0.241 0	0.088 6	99.14	0.86
高技术产业	2000~2001	0.056 3	0.022 8	0.011 1	60.34	39.66
	2001~2002	−0.024 8	0.040 3	−0.014 2	−105.07	205.07
	2002~2003	−0.001 4	0.002 5	0.000 8	−228.82	328.82
	2003~2004	0.196 7	0.023 0	0.183 0	104.76	−4.76
	2004~2005	−0.150 5	0.044 7	−0.147 3	68.19	31.81
	2001~2004	0.170 4	0.065 9	0.169 5	138.14	−38.14
	2000~2005	0.408 6	0.374 3	0.122 0	121.47	−21.47
总体	2000~2001	0.029 7	0.003 4	0.002 4	19.57	80.43
	2001~2002	−0.010 6	0.041 8	−0.015 4	−248.64	348.64
	2002~2003	−0.006 4	0.004 0	−0.007 7	57.25	42.75
	2003~2004	0.142 1	0.024 1	0.132 8	110.38	−10.38
	2004~2005	−0.098 9	0.034 3	−0.114 2	80.79	19.21
	2001~2004	0.125 1	0.069 9	0.109 7	143.54	−43.54
	2000~2005	0.055 9	0.107 6	−0.002 1	188.63	−88.63

注：样本为剔除仅存在 1 年的样本；ΔDVAR = 期末年份 DVAR − 期初年份 DVAR。

资料来源：笔者根据中国海关数据库与中国工业企业数据库的匹配数据，应用 Stata 软件整理计算而得。

由表 4 – 10 可见，各技术含量产业出口国内增加值率逐年变动的分解结果波动较大，但是，在较多的逐年分解结果中表现为集约边际的贡献更大。从 2001 ~ 2004 年及 2000 ~ 2005 年的分解结果可见，各技术含量以及总体的分解结果均显示，出口国内增加值率的变动主要来自持续企业的集约边际变动，企业进入、企业退出的扩展边际对出口国内增加值率变动的贡献很小。除中低技术含量产业外，在其他各技术含量产业和中国出口国内增加值率的分解结果中，企业进入、企业退出的扩展边际对出口国内增加值率变动的贡献大多为负。这一测算结果与本书表 4 – 8 中的统计观察一致，即退出企业出口国内增加值率更高。因此，企业进入、企业退出的扩展边际贡献率大多为负。

本书首次通过对出口国内增加值率变动的直接分解，验证了基和唐（Kee and Tang，2016）的间接推断，即退出企业的出口国内增加值率比新进入者高，中国出口国内增加值率的上升趋势完全是由持续存在出口商的出口国内增加值率上升驱动的，而不是由于低出口国内增加值率企业的退出而导致的。

本书分解结果与毛其淋和许家云（2019）的分解结果不一致。毛其淋和许家云（2019）的分解结果显示，进入效应、退出效应对行业中国出口国内增加值率增长的贡献度较大，为 44.86%。结果不一致的主要原因在于，分解方法不完全相同。具体表现为：一是对进入效应和退出效应的参照系选择不同。在毛其淋和许家云（2019）的分解方法中，衡量进入效应和退出效应的方法是将进入企业和退出企业的出口国内增加值率与行业平均出口国内增加值率进行比较，即进入企业将取代代表性企业，同时，退出企业将被代表性企业所替代（Baldwin and Gu，2003；毛其淋和盛斌，2013）。本书的分解方法是直接比较进入企业、退出企业与持续企业的出口国内增加值率，进入效应采用 t 期持续企业加总出口国内增加值率作为参照系，退出效应采用 t – 1 期持续企业加总出口国内增加值率作为参照系。本书的分解方法能更好地比较企业更替对总体出口国内增加值率变动的影响。二是年代效应的处理不同。在对随时间而变化的变量进行分解的过程中可能存在的年代效应问题，因而基于同一时期不同类型企业的比较才有意义（吴利学、叶素云和傅晓霞，2016）。毛其淋和许家云（2019）的方法将行业 t 期和 t – 1 期出口国内增加值率的平均值作为参照系，相当于对不同类型企业、不同时期的出口国内增加值率进行比较，必然包含参照组企业出口国内增加值率的年代效应。本书分解方法，使用 t 期新进入企业和持续企业比较，t – 1 期退出企业和持续企业比较，因而不受企业出口国内增加值率年代效应的干扰，能真实地反映企业进入与企业退出对总体出口国内增加值率增长的贡献。

4.4　本章小结

　　本章从微观、宏观、结构分解三个层面，分析中国出口国内增加值的相关典型化事实，从不同贸易方式、企业出口国内增加值率稳定性、出口时间、企业性质四个角度阐述中国出口国内增加值微观层面的变动趋势，并将出口国内增加值率微观层面加总至行业层面和宏观层面，分析出口国内增加值宏观层面的总体情况。最后，从产业结构、贸易模式和企业动态三个角度对中国出口国内增加值率变动进行结构分解，揭示中国出口国内增加值变动的微观来源结构。主要结论有以下六点。

　　（1）加工贸易型企业与混合贸易型企业的出口国内增加值率平均水平呈上升趋势，而一般贸易型企业的出口国内增加值率平均水平基本保持稳定。一般贸易型企业的出口国内增加值率平均水平显著高于混合贸易型企业，而混合贸易型企业的出口国内增加值率平均水平显著高于加工贸易型企业。加工贸易型企业与混合贸易型企业出口国内增加值率的企业间差异程度在不断缩小，而一般贸易型企业则保持稳定。企业内出口国内增加值率的差异程度要低于企业间出口国内增加值率的差异程度，并且，出口国内增加值率变动较大的企业出口国内增加值率较低，出口国内增加值率高的企业出口国内增加值率变动较小。

（2）对于出口时间较长的企业而言，其出口国内增加值率并没有显著高于出口时间较短的企业；内资企业（国有企业、集体企业、民营企业）具有更高的出口国内增加值率，并且，国有企业的出口国内增加值率略低于集体企业和民营企业。2000～2006 年内资企业的出口国内增加值率基本保持稳定，而合作合资企业和外商独资企业的出口国内增加值率迅速上升。

（3）总体来看，在加入 WTO 之前，中国总体出口国内增加值率缓慢上升，在加入 WTO 后缓慢下降，2004 年后迅速增长，整体呈先上升、再下降，最后再上升的回归式变化趋势。

（4）从行业层面看，大部分 2 位码行业的出口国内增加值率整体呈上升趋势，仅有两个行业整体呈下降趋势；高技术含量产业出口国内增加值率低于其他产业，但是提升明显；低技术含量产业、中高技术含量产业的出口国内增加值率比较接近，均高于中低技术含量产业、高技术含量产业的出口国内增加值率。

（5）贸易模式转型，即从加工贸易向一般贸易的转型，是中国出口国内增加值变动的来源之一。对 2001～2004 年、2004～2006 年和 2000～2006 年的分解结果显示，贸易模式内变动对中国出口国内增加值率变动的贡献分别为 51.96%、63.92% 和 75.38%，贸易模式转型对中国出口国内增加值率变动的贡献分别为 48.04%、36.08% 和 24.62%。本章的分解结果首次揭示了贸易模式转型也是中国出口国内增加值变动的来源。

（6）持续企业的集约边际变动是中国出口国内增加值率变动的主要来源，企业进入退出的扩展边际效应对出口国内增加值率的作用非常有限。从进入企业、持续企业和退出企业的统计特征来看，退出企业出口国内增加值率均值明显高于进入企业和持续企业，不同代际的进入企业在持续期间的出口国内增加值率均值不断提升，表明持续企业出口国内增加值率不断提升和高出口国内增加值率企业退出的特征性事实。基于企业动态的分解结果表明，持续企业出口国内增加值率变动的集约边际是中国出口国内增加值变动的主要来源，企业进入、企业退出的扩展边际对中国出口国内增加值变动的作用非常有限。

第 5 章　中国出口国内增加值提升的微观机制：理论分析

本章将以异质性企业模型为基础，分析微观企业出口国内增加值提升的具体机制。本章将采用基和唐（Kee and Tang，2016）的方式来刻画企业出口国内增加值。但是，基和唐（2016）模型采用局部均衡模型，仅从供给层面进行分析，忽略了产品质量等影响企业出口国内增加值的重要因素。本章将在安特拉斯和乔尔（Antras and Chor，2013）的基础上，采用一般均衡模型同时分析供给、需求两个层面，并将企业产品质量以及进口中间品质量同时纳入分析框架，较为系统地分析企业层面各微观因素对企业出口国内增加值的影响。

5.1　模型设定

在需求层面的设定上，本章将以经典文献为基础，通过设定相应效用函数推导需求函数。在供给层面的设定上，由于加工贸易生产模式下企业与一般贸易生产模式下企业的决策行为存在一定差异，因此，本章将分别进行系统讨论。

5.1.1　需求层面

在效用函数的假定上，本章将借鉴安特拉斯和乔尔（2013）的方法，在不变替代弹性效用函数（CES）中引入产品质量，这一引入方式与马诺瓦和张（Manova and Zhang，2012）、哈拉克和西瓦达桑（Hallak and Siva-dasan，2013）的方式一致，即假定消费者的效用函数为：

$$U = \left(\int_{\omega \in \Omega} \left[q(\omega)x(\omega) \right]^{(\sigma-1)/\sigma} d\omega \right)^{\sigma/(\sigma-1)} \quad (5-1)$$

在式（5-1）中，ω 表示消费者所消费的具体产品种类，而 Ω 表示市场上所有商品的集合，q（ω）和 x（ω）分别表示市场上所消费的商品 ω 的产品质量和产品数量，σ 表示产品间的替代弹性。本章将采用马诺瓦和张（Manova and Zhang，2012）、哈拉克和西瓦达桑（Hallak and Sivada-san，2013）、安特拉斯和乔尔（Antras and Chor，2013）相同的假定，即 $\sigma > 1$，这一假定确保了消费者的多样性偏好，即在消费总量不变的情况下，产品多样性越丰富，消费者的效用越高。在式（5-1）的效用函数下可推导出产品 ω 的需求函数，根据式（5-1）可知，消费者效用最大化问题可以表示为：

$$\max: U = \left(\int_{\omega \in \Omega} \left[q(\omega)x(\omega) \right]^{(\sigma-1)/\sigma} d\omega \right)^{\sigma/(\sigma-1)}$$
$$\text{s. t.} \quad \int_{\omega \in \Omega} p(\omega)x(\omega)d\omega = E \quad (5-2)$$

在式（5-2）中，E 表示消费者的收入水平，从式（5-2）中可知，消费者效用最大化的一阶条件可以表示为：

$$\left(\int_{\omega \in \Omega} \left[q(\omega)x(\omega) \right]^{(\sigma-1)/\sigma} d\omega \right)^{1/(\sigma-1)} \left[q(\omega) \right]^{(\sigma-1)/\sigma} \left[x(\omega) \right]^{-1/\sigma}$$
$$= \lambda p(\omega), \forall \omega \in \Omega \quad (5-3)$$

结合式（5-2）和式（5-3）可知，$U = \lambda E$，从而可以看出 λ 的经济学含义为边际收入效用，表示消费者的收入增加 1 单位，其效用将增加 λ 单位。将其代入式（5-3）可得：

$$U^{1/\sigma} \left[q(\omega) \right]^{(\sigma-1)/\sigma} \left[x(\omega) \right]^{-1/\sigma} = Up(\omega)/q(\omega), \forall \omega \in \Omega \quad (5-4)$$

对式（5-4）进行整理并对等式两边积分可得 $U = PE$，其中，P 表示经质量水平调整后的价格指数，其具体表达式为：

$$P \equiv \left(\int_{\omega \in \Omega} \left[p(\omega)/q(\omega) \right]^{1-\sigma} d\omega \right)^{1/(1-\sigma)} \quad (5-5)$$

将式（5-5）代入式（5-3）可知，产品 ω 的需求函数为：

$$x(\omega) = E[p(\omega)]^{-\sigma}[q(\omega)]^{\sigma-1}P^{\sigma-1}, \forall \omega \in \Omega \qquad (5-6)$$

从式（5-6）可以看出，产品质量与产品需求呈正相关关系。这意味着，产品质量可能通过影响产品需求来影响企业产品的总体销售额，从而影响企业的出口国内增加值，即在进口中间品总额保持不变的情况下，根据基和唐（Kee and Tang，2016）出口国内增加值的定义，企业提升其产品质量将会提升其出口国内增加值，因此，本章将产品质量纳入出口国内增加值的分析是合理的。

5.1.2　生产层面

由于不用分析企业的出口决策行为，以内销企业[①]为切入点分析企业的生产流程有助于简化分析，因此，本章先对内销企业的生产流程进行分析，以作为贸易企业生产流程分析的基准。在内销企业的生产过程中，本章假定企业在进入市场前，并不知道其产品质量，仅仅知道市场基准产品质量的分布情况，在支付市场进入成本后，得知其基准产品质量。这一假定与梅里兹（Melitz，2003）等一系列异质性企业模型中对生产率的假定一致。[②] 本章还假定企业的生产过程是一个序贯过程，即企业并非一次性决定其在生产中的所有相关变量，而是根据生产流程依次决定不同的相关微观变量。根据企业的实际生产流程，企业在得知其基准产品质量（q_0）后，根据国内中间品的产品质量与进口中间品的产品质量选择其进口中间品的产品范围，并在此基础上得到其最终产品质量（q），

[①]　根据出口国内增加值的定义，内销企业的出口国内增加值为0，并非本书的分析重点，但其生产模式对于之后贸易企业生产模式的分析具有借鉴意义，因此，本章先对内销企业的生产模型进行分析。

[②]　本章并未考虑哈拉克和西瓦达桑（Hallak and Sivadasan，2013）的产品质量与生产率的双重异质性，原因在于生产率并非本章分析的重点，并且，迈耶、梅里兹和奥塔维亚诺（Mayer，Melitz and Ottaviano，2014）指出，生产率与产品质量就像一个硬币的两面，范、李和耶普尔（Fan，Li and Yeaple，2015）指出，在实际测度上两者也非常相似，若不是以两者差异性为分析重点（Hallak and Sivadasan，2013），同时考虑双重异质性的意义并不显著。

最后，企业对其产品进行定价。[①]

假定企业的生产函数采用柯布－道格拉斯（Cobb－Douglas）函数形式，即：

$$x = K^{\alpha_K} L^{\alpha_L} M^{\alpha_M}, \quad \alpha_K + \alpha_L + \alpha_M = 1 \tag{5-7}$$

在式（5-7）中，K 表示生产中的资本投入量，L 表示生产中的劳动力投入量，M 表示生产中的中间品投入量，α_K、α_L、α_M 分别表示资本、劳动力、中间品的产出弹性，并且假定中间品的生产函数采用 CES 函数形式，具体函数形式为：

$$M = \left\{ \int_0^n \left[m_I(\theta) \right]^{(\rho-1)/\rho} d\theta + \int_n^1 \left[m_D(\theta) \right]^{(\rho-1)/\rho} d\theta \right\}^{\rho/(\rho-1)} \tag{5-8}$$

在式（5-8）中，ρ 表示中间品替代弹性，$m_I(\theta)$ 表示进口中间品投入量，$m_D(\theta)$ 表示国内中间品投入量，n 表示进口中间品产品范围，n=0 表示在中间品投入上完全采用国内中间品，出口国内增加值率为 1；n=1 表示在中间品投入上完全采用进口中间品。假定企业的固定成本为 f_x。

5.1.3　贸易层面

在贸易层面上，本章假定存在三类贸易企业：一般贸易型企业、加工贸易型企业和混合贸易型企业。三类企业的界定同第 3.1.1 小节。混合贸易型企业所从事的一般贸易活动和加工贸易活动，与前面的假定相一致，假定混合贸易型企业从事加工贸易的份额为 ξ。这三类企业在生产上与内销企业相一致，即企业在进入市场前，并不知道其产品质量，在支付市场进入成本后，得知基准产品质量，并根据国内中间品的产品质量与进口中间品的产品质量选择其进口中间品的产品范围，在此基础上得到其最终产品质量，最后企业对其产品进行定价，企业的生产函数同样采用式（5-7）的柯布－道格拉斯（Cobb－Douglas）函数形式。除关税水平和中间品产品质量外，假定外国与本国在各相关变量上相一致。

贸易企业与内销企业在模型设定上存在差异。在市场需求层面，内

---

① 本书将中间品选择环节记为 M，将生产定价环节记为 P。

销企业仅有国内需求，加工贸易型企业仅有国外需求，而一般贸易型企业和混合贸易型企业有国内需求和国外需求；在出口关税层面，假定企业的出口关税水平为 t_{ex}，由于内销企业无需出口，出口关税水平不会影响内销企业的决策，由于目的国并不会因为贸易方式的不同而对相同产品征收不同关税，因此对于三类贸易企业而言，所面临的出口关税一致；在进口中间品关税层面，根据加工贸易的定义以及国家的关税政策，假定加工贸易型企业的进口中间品关税水平、混合贸易型企业的加工贸易部分的进口中间品关税水平为 0。为简化分析，本章将企业的贸易成本与生产固定成本结合起来，对于贸易企业而言，固定成本是指企业生产固定成本与贸易固定成本之和，假定一般贸易型企业、加工贸易型企业、混合贸易型企业的固定成本分别为 $\kappa_{OT}f_x$、$\kappa_{PT}f_x$、$\kappa_{MX}f_x$。

5.2　均衡分析

本节将分析内销企业、加工贸易型企业、混合贸易型企业在生产中的最优决策，如定价、进口中间品范围等相关变量的决定，在此基础上，分析一般均衡下的各个均衡变量。根据本章模型设定的序贯生产过程，本章对企业的分析均先从企业的生产定价环节展开，随后分析企业的中间品选择环节。正如模型设定中所指出的，不用分析内销企业的出口决策行为，因此，本章先对内销企业的生产决策进行分析。

5.2.1　内销企业行为

根据式（5-6）的需求函数，可以求出产品的反需求函数：

$$p(\omega) = \left(\frac{E\left[q(\omega) \right]^{\sigma-1} P^{\sigma-1}}{x(\omega)} \right)^{\frac{1}{\sigma}}, \forall \omega \in \Omega \qquad (5-9)$$

结合企业的生产函数式（5-7）、式（5-8）以及式（5-9）可知，企业生产定价环节利润最大化问题可以表示为：

$$\max: \pi^P(q,n) = p(q)x(q) - rK - wL - \left(\int_0^n p_I(\theta)m_I(\theta)d\theta \right.$$

$$\left. + \int_n^1 p_D(\theta)m_D(\theta)d\theta \right)$$

s. t.
$$p(q) = \left(\frac{Eq^{\sigma-1}P^{\sigma-1}}{x(q)} \right)^{\frac{1}{\sigma}},$$

$$x(q) = K^{1-\alpha_L-\alpha_M}L^{\alpha_L}\left(\int_0^n [m_I(\theta)]^{(\rho-1)/\rho}d\theta + \int_n^1 [m_D(\theta)]^{(\rho-1)/\rho}d\theta \right)^{\alpha_M\rho/(\rho-1)}$$

$$(5-10)$$

在式（5－10）中，r、w、$p_D(\theta)$、$p_I(\theta)$ 分别表示资本的价格、劳动力的价格、进口中间品的价格、国内中间品的价格，可知生产者利润最大化的一阶条件可以表示为：

$$\frac{\sigma-1}{\sigma}\alpha_K p(q)x(q) = rK, \frac{\sigma-1}{\sigma}\alpha_L p(q)x(q) = wL,$$

$$\frac{\sigma-1}{\sigma}\alpha_M \frac{p(q)x(q)[m_i(\theta)]^{-1/\rho}}{M} = p_i(\theta), \forall \theta \in (0,1), i = I, D$$

$$(5-11)$$

由式（5－11）可知，企业在资本、劳动力、中间品上的投入占总销售额的份额分别为$\frac{\sigma-1}{\sigma}\alpha_K$、$\frac{\sigma-1}{\sigma}\alpha_L$、$\frac{\sigma-1}{\sigma}\alpha_M$，从而可以求出企业的定价为：

$$p(q) = \frac{\sigma}{\sigma-1}r^{\alpha_K}w^{\alpha_L}P_M^{\alpha_M}, P_M \equiv \left(\int_0^n [p_I(\theta)]^{1-\rho}d\theta + \int_n^1 [p_D(\theta)]^{1-\rho}d\theta \right)^{1/(1-\rho)}$$

$$(5-12)$$

将式（5－12）代入生产者利润最大化的一阶条件式（5－11）可知，企业生产定价环节的各要素投入量为：

$$K = \frac{\sigma-1}{\sigma}\frac{\alpha_K}{r}E[p(q)]^{1-\sigma}q^{\sigma-1}P^{\sigma-1},$$

$$L = \frac{\sigma-1}{\sigma}\frac{\alpha_K}{w}E[p(q)]^{1-\sigma}q^{\sigma-1}P^{\sigma-1}, \qquad (5-13)$$

$$m_i(\theta) = \frac{\sigma-1}{\sigma}\alpha_M p(q)x(q)P_M^{\rho-1}[p_i(\theta)]^{-\rho}, i = I, D$$

从式（5－13）可以看出，产品价格、要素价格和要素需求量呈负相关关系，产品质量、价格指数、市场需求与要素需求量呈正相关关系。企业生产定价环节的利润为：

$$\pi^P(q,n) = \frac{1}{\sigma}p(q)x(q) = \frac{1}{\sigma}E\left(\frac{\sigma-1}{\sigma}\frac{qP}{r^{\alpha_K}w^{\alpha_L}P_M^{\alpha_M}}\right)^{\sigma-1} \quad (5-14)$$

从式（5－14）可以看出，企业的产品质量水平越高，资本、劳动力、中间品价格越低，企业生产环节的利润也就越高。

接着，本章将分析企业中间品选择环节。假定国内中间品与进口中间品的产品质量分别为 q_D 和 q_I，假定中间品生产是完全竞争的，并且其边际成本与哈拉克和西瓦达桑（Hallak and Sivadasan，2013）的假定一致，即中间品的产品质量越高，其边际成本也就越高，并且成本质量弹性小于1，当产品质量提升1%时，边际成本的提升程度小于1%。从而可知：

$$p_I(\theta) = (1+t_{im})cq_I^{\beta}, p_D(\theta) = cq_D^{\beta}, 0 \leqslant \beta < 1 \quad (5-15)$$

在式（5－15）中，t_{im} 表示进口中间品的关税水平，假定企业的最终产品质量由企业基准产品质量与中间品产品质量共同决定，具体函数形式采用 C－D 函数和 CES 函数的嵌套形式，即：

$$q = q_0^{1-\gamma}\left(\int_0^n q_I^{\beta(1-\rho)}(\theta)d\theta + \int_n^1 q_D^{\beta(1-\rho)}(\theta)d\theta\right)^{\gamma/\beta(1-\rho)}, \gamma > \alpha_M$$

$$(5-16)$$

从式（5－16）可以看出，当企业的基准产品质量越高或者企业中间品产品质量越高时，企业的最终产品质量越高，当进口中间品与国内中间品产品质量相同时，无论中间品来自国内或者国外，其对最终产品质量的影响相同。式（5－16）意味着，消费者对最终产品质量的判断不存在对国外中间品的相对偏好，也就是说，消费者不会单纯因为最终产品的生产中使用了进口中间品而判断其最终产品的质量较高。根据式（5－12）、式（5－14）、式（5－15）和式（5－16）可知，在中间品选择环节中企业的利润与进口中间品范围之间的关系为：

$$\frac{1-\rho}{\sigma-1}\frac{\partial \ln\pi^M}{\partial n} = \frac{\gamma}{\beta}\frac{q_I^{\beta(1-\rho)} - q_D^{\beta(1-\rho)}}{nq_I^{\beta(1-\rho)} + (1-n) q_D^{\beta(1-\rho)}}$$

$$- \alpha_M \frac{[(1+t_{im})cq_I^{\beta}]^{1-\rho} - (cq_D^{\beta})^{1-\rho}}{n[(1+t_{im})cq_I^{\beta}]^{1-\rho} + (1-n)(cq_D^{\beta})^{1-\rho}}$$

$$= \frac{\left(\frac{\gamma}{\beta} - \alpha_M(1+t_{im})^{1-\rho}\right)(q_Iq_D)^{\beta(1-\rho)} - \left(\frac{\gamma}{\beta} - \alpha_M\right)q_D^{2\beta(1-\rho)}}{\left(nq_I^{\beta(1-\rho)} + (1-n) q_D^{\beta(1-\rho)}\right)\left(n[(1+t_{im})q_I^{\beta}]^{1-\rho} + (1-n)(q_D^{\beta})^{1-\rho}\right)} +$$

$$\frac{n\left(\frac{\gamma}{\beta} - \alpha_M\right)\left((1+t_{im})q_I^{2\beta(1-\rho)} + q_D^{2\beta(1-\rho)} - (1+(1+t_{im})^{1-\rho})(q_Iq_D)^{\beta(1-\rho)}\right)}{\left(nq_I^{\beta(1-\rho)} + (1-n) q_D^{\beta(1-\rho)}\right)\left(n[(1+t_{im})q_I^{\beta}]^{1-\rho} + (1-n)(q_D^{\beta})^{1-\rho}\right)}$$

$$(5-17)$$

为确保国内中间品与进口中间品同时存在，本章有以下假定：

假定 1：
$$\frac{\frac{\gamma}{\beta} - \alpha_M}{\frac{\gamma}{\beta} - \alpha_M(1+t_{im})^{1-\rho}}q_D^{\beta(1-\rho)} > q_I^{\beta(1-\rho)} > \frac{\frac{\gamma}{\beta}(1+t_{im})^{1-\rho} - \alpha_M}{(1+t_{im})^{1-\rho}\left(\frac{\gamma}{\beta} - \alpha_M\right)}q_D^{\beta(1-\rho)}$$

当国内中间品产品质量相对于进口中间品产品质量而言足够高时，企业不会从国外进口中间品，全部采用国内中间品；而当进口中间品产品质量相对于国内中间品产品质量而言足够高时，企业不会采用国内中间品，全部从国外进口中间品。在假定 1 的约束下，可以求出企业进口中间品的最优产品范围为：

$$n^* = \frac{\left(\frac{\gamma}{\beta} - \alpha_M\right)q_D^{2\beta(1-\rho)} - \left(\frac{\gamma}{\beta} - \alpha_M(1+t_{im})^{1-\rho}\right)(q_Iq_D)^{\beta(1-\rho)}}{\left(\frac{\gamma}{\beta} - \alpha_M\right)\left((1+t_{im})^{1-\rho}q_I^{2\beta(1-\rho)} + q_D^{2\beta(1-\rho)} - (1+(1+t_{im})^{1-\rho})(q_Iq_D)^{\beta(1-\rho)}\right)}$$

$$(5-18)$$

假定 1 确保了 $n \in (0,1)$，当假定 1 不满足时，若国内中间品质量相对于进口中间品质量而言足够高时，即：

$$q_I^{\beta(1-\rho)} < \frac{\frac{\gamma}{\beta}(1+t_{im})^{1-\rho} - \alpha_M}{(1+t_{im})^{1-\rho}\left(\frac{\gamma}{\beta} - \alpha_M\right)}q_D^{\beta(1-\rho)}$$

企业仅使用国内中间品，而根据基和唐（2016）的方式测算的企业国内增加值率为1，这并不是本书的分析对象。若国内中间品质量相对于进口中间品质量而言足够低时，即：

$$\frac{\frac{\gamma}{\beta} - \alpha_M}{\frac{\gamma}{\beta} - \alpha_M (1 + t_{im})^{1-\rho}} q_D^{\beta(1-\rho)} < q_I^{\beta(1-\rho)}$$

企业仅使用进口中间品，这一情况本章将在后面进行详尽分析。为简化表达式形式，本章定义：

$$q_r \equiv q_D^{\beta(1-\rho)} / q_I^{\beta(1-\rho)}, \quad T_{im} \equiv (1 + t_{im})^{1-\rho}$$

上述分别表示国内中间品质量与进口中间品质量的相对水平和进口中间品生产接入程度。相对质量水平的值越高；表示相对于国内中间品而言，进口中间品的产品质量水平越高；进口中间品生产接入程度越高，意味着进口中间品进入国内市场的成本越小。由假定 1 可知，$q_r > 1$，也就是说，进口中间品的产品质量要高于国内中间品的产品质量。从式（5-18）中可以看出：

$$\frac{\partial \ln n^*}{\partial q_r} = \frac{\left(\frac{\gamma}{\beta} - \alpha_M T_{im} + \left(\frac{\gamma}{\beta} - \alpha_M\right)(1 + T_{im})\right) q_r^2 - \left(\frac{\gamma}{\beta} - \alpha_M T_{im}\right) T_{im}}{q_r \left[\left(\frac{\gamma}{\beta} - \alpha_M\right) q_r - \left(\frac{\gamma}{\beta} - \alpha_M T_{im}\right)\right] [T_{im} + q_r^2 - (1 + T_{im}) q_r]}$$

$$> \frac{\left(\left(\frac{\gamma}{\beta} - \alpha_M\right)(1 + T_{im})\right) q_r}{\left[\left(\frac{\gamma}{\beta} - \alpha_M\right) q_r - \left(\frac{\gamma}{\beta} - \alpha_M T_{im}\right)\right] [T_{im} + q_r^2 - (1 + T_{im}) q_r]} > 0$$

这意味着，随着相对质量水平的提升，企业使用进口中间品的范围有所扩大，而中间品生产接入程度的影响为：

$$\frac{\partial \ln n^*}{\partial T_{im}} = \frac{\alpha_M}{\left(\frac{\gamma}{\beta} - \alpha_M\right) q_r - \left(\frac{\gamma}{\beta} - \alpha_M T_{im}\right)} - \frac{1 - q_r}{T_{im} + q_r^2 - (1 + T_{im}) q_r} > 0$$

这意味着，随着进口中间品生产接入程度的提升，企业使用进口中间品的范围有所扩大。

结合前面的模型设定可知，内销企业的最终利润为：

$$\pi_{au}(q) = \frac{E}{\sigma}\left(\frac{qP}{p_{au}}\right)^{\sigma-1} - f_x, p_{au} \equiv \frac{\sigma}{\sigma-1}r^{\alpha_K}w^{\alpha_L}P_M^{\alpha_M},$$

$$P_M \equiv c(n^*(1+t_{im})^{1-\rho}q_I^{\beta(1-\rho)} + (1-n^*)q_D^{\beta(1-\rho)})^{1/(1-\rho)} \quad (5-19)$$

5.2.2　贸易企业行为

根据5.1节的模型设定，贸易企业与内销企业在生产定价环节并不存在差异，因此，三类贸易企业生产定价环节的利润均由式（5-14）决定。对于一般贸易型企业而言，其内销产品的定价与内销企业一致，而在出口产品的定价上，由于出口关税的存在，出口产品的边际成本要高于内销产品的边际成本。因此，在国内外市场完全对称的情况下，同一一般贸易型企业出口产品的价格要高于其内销产品的价格，其超出部分正好弥补其在出口市场上的关税成本。而在利润上，一般贸易型企业的利润由国内市场利润和国际市场利润两部分组成，根据前面的分析可知，一般贸易型企业的最终利润为：

$$\pi_{OT}(q) = \frac{[1+(1+t_{ex})^{1-\sigma}]E}{\sigma}\left(\frac{qP}{p_{au}}\right)^{\sigma-1} - \kappa_{OT}f_x \quad (5-20)$$

从式（5-20）可以看出，在国内外市场对称的情况下，一般贸易型企业在国外市场的销售额以及生产利润均低于国内市场的销售额及生产利润，并且随着出口关税的下降，一般贸易型企业的利润有所上升。

对于加工贸易型企业而言，由于其产品不在国内市场销售①，并且其在中间品进口中并不需要支付进口关税，因此，虽然在生产流程上与内销企业、一般贸易型企业一致，但生产决策行为会有所差异，差异主要存在于中间品范围选择环节。由假定1可知，进口中间品的产品质量要高于国内中间品的产品质量，而对于加工贸易型企业而言，中间品选择环节中企业的利润与进口中间品范围之间的关系为：

---

① 之前分析中已指出，在生产中仅使用国内中间品的生产方式下，出口国内增加值率为1，该类型企业并不是本书所分析的重点，因此，对于加工贸易型企业而言，在本书模型中其产品不在国内市场销售。

$$\frac{\partial \ln \pi^M}{\partial n} = \frac{\sigma - 1}{\rho - 1}\left(\frac{\gamma}{\beta} - \alpha_M\right)\frac{q_D^{\beta(1-\rho)} - q_I^{\beta(1-\rho)}}{nq_I^{\beta(1-\rho)} + (1-n)q_D^{\beta(1-\rho)}} > 0 \qquad (5-21)$$

从式（5-21）可以看出，随着进口中间品范围的扩大，加工贸易型企业的利润也有所增长，因此，加工贸易型企业在中间品选择环节中将全部选择进口中间品，而不使用国内中间品。这意味着，与一般贸易型企业的不同之处在于，加工贸易型企业在中间品选择上会全部采用进口中间品，结合式（5-19）和式（5-20）可知，加工贸易型企业的出口产品价格以及最终利润为：

$$p_{PT}^{ex} = (1 + t_{ex})\frac{\sigma}{\sigma - 1}r^{\alpha_K}w^{\alpha_L}c^{\alpha_M}q_I^{\beta\alpha_M}, \quad \pi_{PT}(q) = \frac{E}{\sigma}\left(\frac{qP}{p_{PT}^{ex}}\right)^{\sigma-1} - \kappa_{PT}f_x$$

$$(5-22)$$

对于混合贸易型企业而言，其所从事的一般贸易活动与加工贸易活动与前面所阐述的一般贸易型企业一般贸易活动以及加工贸易型企业加工贸易活动并没有较大区别，定价、中间品范围等相关变量的决策与一般贸易型企业以及加工贸易型企业一致，因此，混合贸易型企业的最终利润为：

$$\pi_{MX}(q) = \frac{E}{\sigma}\left(\frac{qP}{p_{PT}^{ex}}\right)^{\sigma-1}\left[\frac{(1-\xi)[(1+t_{ex})^{\sigma-1} + 1]}{(n^*(1+t_{im})^{1-\rho} + (1-n^*)q_r)^{\frac{\alpha_M(\sigma-1)}{1-\rho}}} + \xi\right] - \kappa_{MX}f_x$$

$$(5-23)$$

5.2.3 市场均衡

为了简化表达式，本章先定义部分相关变量，具体为：

$$T_{ex} \equiv (1 + t_{ex})^{1-\sigma}, A_Q \equiv (n^* + (1-n^*)q_r)^{\gamma(\sigma-1)/\beta(1-\rho)},$$

$$A_M \equiv (n^*(1+t_{im})^{1-\rho} + (1-n^*)q_r)^{\alpha_M(\sigma-1)/(1-\rho)}$$

上述三个公式分别表示出口产品市场接入程度（T_{ex}）、最终产品相对质量指数（A_Q）、中间品相对价格指数（A_M）。出口产品市场接入程度越高，意味着国内产品进入国外市场的成本越小；最终产品相对质量指数越高，意味着加工贸易形式下产品质量相对于一般贸易形式下产品质量而言越高；中间品相对价格指数越高，意味着加工贸易形式下中间品价格指数相对于一般贸易形式下中间品价格指数而言越高。

由式（5-19）、式（5-20）、式（5-22）、式（5-23）可以求出内销企业、一般贸易型企业、加工贸易型企业、混合贸易型企业生产的基准产品质量临界值为：

$$\bar{q}_{au} = \left[\frac{(p_{au})^{\sigma-1}\sigma f_x}{E(Pq_I^{\gamma})^{\sigma-1}A_Q} \right]^{1/(1-\gamma)(\sigma-1)}, \bar{q}_{OT} = \left[\frac{\sigma\kappa_{OT}f_x(p_{au})^{\sigma-1}}{(1+T_{ex})E(Pq_I^{\gamma})^{\sigma-1}A_Q} \right]^{1/(1-\gamma)(\sigma-1)},$$

$$\bar{q}_{PT} = \left[\frac{(p_{au})^{\sigma-1}\sigma\kappa_{PT}f_x}{T_{ex}E(Pq_I^{\gamma})^{\sigma-1}A_M} \right]^{1/(1-\gamma)(\sigma-1)},$$

$$\bar{q}_{MX} = \left(\frac{\kappa_{MX}f_x(p_{au})^{\sigma-1}\sigma}{E(Pq_I^{\gamma})^{\sigma-1}[(1-\xi)(T_{ex}+1)A_Q+\xi A_M T_{ex}]} \right)^{1/(1-\gamma)(\sigma-1)}$$

$$(5-24)$$

本章分析所考虑的企业产品质量与生产率类似，而在生产率各临界值的相互比较中，梅里兹（Melitz，2003）根据伯纳德和詹森（Bernard and Jensen，1997）等的研究，假定出口企业的生产率要高于内销企业的生产率，而李春顶和尹翔硕（2009）发现，中国企业出口存在着"生产率悖论"，即出口企业生产率不一定高于内销企业的生产率。而 2014 年，戴觅、余淼杰和马杜拉（Madhura）研究发现，"生产率悖论"出现的原因在于，加工贸易企业的低生产率，剔除加工贸易企业后出口企业生产率高于内销企业的生产率，根据上述研究，本章有以下假定：

假定 2： $\dfrac{\kappa_{PT}}{T_{ex}A_M} < \dfrac{1}{A_Q} < \dfrac{\kappa_{MX}}{[(1-\xi)(T_{ex}+1)A_Q+\xi A_M T_{ex}]} < \dfrac{\kappa_{OT}}{(1+T_{ex})A_Q}$

假定 2 意味着，$\bar{q}_{PT} < \bar{q}_{au} < \bar{q}_{MX} < \bar{q}_{OT}$，即企业支付进入成本得知其基准产品质量后，若其基准产品质量 $q_0 < \bar{q}_{PT}$，企业将退出市场；若其基准产品质量满足 $\bar{q}_{PT} < q_0 < \bar{q}_{au}$，企业将仅以加工贸易形式将其产品出口至国外市场；若其基准产品质量满足 $\bar{q}_{au} < q_0 < \bar{q}_{MX}$，企业将仅在国内市场出售其产品；若其基准产品质量满足 $\bar{q}_{MX} < q_0 < \bar{q}_{OT}$，企业除了在国内市场出售其产品外，同时，以加工贸易形式和一般贸易形式将其产品出口至国

外市场；若其基准产品质量 $q_0 > \bar{q}_{OT}$，企业将除了在国内市场出售其产品外，还将以一般贸易形式将其产品出口至国外市场。假定企业的基准产品质量分布函数为 $G(q_0)$，假定企业的市场进入成本为 f_E，可知企业的自由进出条件为：

$$\int_{\bar{q}_{PT}}^{\bar{q}_{au}} \pi_{PT}(q_0) dG(q_0) + \int_{\bar{q}_{au}}^{\bar{q}_{MX}} \pi_{au}(q_0) dG(q_0) + \int_{\bar{q}_{MX}}^{\bar{q}_{PT}} \pi_{MX}(q_0) dG(q_0)$$

$$+ \int_{\bar{q}_{OT}}^{\infty} \pi_{OT}(q_0) dG(q_0) = f_E \qquad (5-25)$$

结合式（5-24）中的四个方程，可以求出均衡状态下的价格指数以及四个产品质量临界值。为简化分析，本章在基准产品质量分布上采用与梅里兹和奥塔维亚诺（Melitz and Ottaviano，2008）以及梅耶尔、梅里兹和奥塔维亚诺（Mayer，Melitz and Ottaviano，2014）中生产率相同的分布情况，即基准产品质量分布为帕累托（Pareto）分布，其具体函数形式如下：

$$G(q_0) = 1 - (q_{min}/q_0)^k, q_0 \in [q_{min}, \infty) \qquad (5-26)$$

分布函数形式与梅里兹和奥塔维亚诺（Melitz and Ottaviano，2008）及梅耶尔、梅里兹和奥塔维亚诺（2014）存在差异，是因为其生产率分布实质为边际成本的分布，即生产率倒数的分布情况，对于基准产品质量倒数的分布情况而言，

$$G(c) = G(\frac{1}{q_0}) = prob(\frac{1}{q_0} < c) = prob(q_0 > \frac{1}{c}) = \left(\frac{c}{1/q_{min}}\right)^k, c \in (0, \frac{1}{q_{min}}]$$

因此，本章所采用的分布函数实质上与梅里兹和奥塔维亚诺（Melitz and Ottaviano，2008）以及梅耶尔、梅里兹和奥塔维亚诺（2014）是一致的。

为确保企业利润的收敛性，本章有以下假定。

假定3：$k > (1-\gamma)(\sigma-1)$

若假定3无法满足，那么，企业的期望利润为负，企业在进入市场前就认为生产的期望收益高于期望成本，将不会有企业进行生产。在帕累托（Pareto）基准产品质量分布情况下，本章所描述的一般均衡系统可以用下述方程组表示：

$$A_Q \left(\bar{q}_{au}\right)^{(1-\gamma)(\sigma-1)} = BA_M q_I^{(\beta\alpha_M-\gamma)(\sigma-1)} P^{1-\sigma}$$

$$(1+T_{ex})A_Q \left(\bar{q}_{OT}\right)^{(1-\gamma)(\sigma-1)} = \kappa_{OT} BA_M q_I^{(\beta\alpha_M-\gamma)(\sigma-1)} P^{1-\sigma}$$

$$T_{ex} \left(\bar{q}_{PT}\right)^{(1-\gamma)(\sigma-1)} = \kappa_{PT} B q_I^{(\beta\alpha_M-\gamma)(\sigma-1)} P^{1-\sigma}$$

$$\left[(1-\xi)(T_{ex}+1)A_Q + \xi A_M T_{ex}\right] \left(\bar{q}_{MX}\right)^{(1-\gamma)(\sigma-1)} = \kappa_{MX} BA_M q_I^{(\beta\alpha_M-\gamma)(\sigma-1)} P^{1-\sigma}$$

$$X\kappa_{PT}\left(\bar{q}_{PT}\right)^{-k} + \left[X(1-\kappa_{PT}) + k\left(1 - \frac{A_M T_{ex}}{A_Q}\right)\right]\left(\bar{q}_{au}\right)^{-k} +$$

$$\left(k\left(1 - \frac{\kappa_{MX} A_Q}{(1-\xi)(T_{ex}+1)A_Q + \xi A_M T_{ex}}\right) + X(\kappa_{MX}-1)\right)\left(\bar{q}_{MX}\right)^{-k}$$

$$+ \left(k\left(\kappa_{MX} - \frac{A_M T_{ex}\kappa_{OT}}{(1+T_{ex})A_Q}\right) + X(\kappa_{OT}-\kappa_{MX})\right)\left(\bar{q}_{OT}\right)^{-k} = \frac{[k-(1-\gamma)(\sigma-1)]f_E}{(q_{min})^k f_x}$$

其中：

$$B \equiv \frac{\sigma f_x}{E}\left(\frac{\sigma}{\sigma-1} r^{\alpha_K} w^{\alpha_L} c^{\alpha_M}\right)^{\sigma-1}, \quad X \equiv (1-\gamma)(\sigma-1)$$

由于上述均衡系统的复杂性，方程组并不能得到解析解，因此，本章将通过数值模拟的方式进行比较静态分析。本章将分析中间品相对质量水平（q_r）对均衡的影响，在满足假定 1、假定 2、假定 3 的情况下，各相关参数赋值如下：

$$T_{im}=0.5, \quad T_{ex}=0.5, \quad \gamma=\beta=\alpha_M=0.5, \quad \sigma=\rho=4, \quad k=2, \quad \xi=0.5$$

$$\frac{[k-(1-\gamma)(\sigma-1)]f_E}{(q_{min})^k f_x} = B = 1, \quad \kappa_{PT}=0.4, \quad \kappa_{OT}=2, \quad \kappa_{MX}=1.3$$

中间品相对质量水平与价格指数之间的关系，如图 5 - 1 所示。

从图 5 - 1 可以看出，随着中间品相对质量水平的提升，价格指数随之增加，而从消费者间接效用函数角度出发，消费者效用最大化下的间接效用函数为 $V = E/P$。这意味着，价格指数越高，消费者间接效用越低，社会福利水平越低，也就是说，相对于国内中间品而言，进口中间品的相对产品质量水平越高，本国消费者的福利水平越低。中间品相对质量水平与四类进入门槛之间的关系，如图 5 - 2 所示。

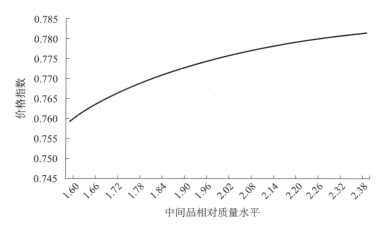

图 5 - 1   均衡条件下中间品相对质量水平与价格指数的关系

资料来源：笔者根据测算结果绘制而得。

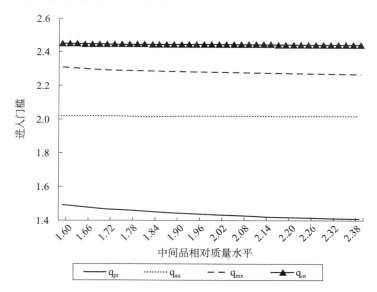

图 5 - 2   均衡条件下内销企业、一般贸易型企业、

加工贸易型企业、混合贸易型企业中间品相对质量水平与进入门槛的关系

注：q_{pt}、q_{au}、q_{mx}、q_{ot} 分别表示 $\bar{q}_{pt}$、$\bar{q}_{au}$、$\bar{q}_{mx}$、$\bar{q}_{ot}$。

资料来源：笔者根据测算结果绘制而得。

从图 5 - 2 可以看出，相对于国内中间品而言，进口中间品的相对产品质量水平越高，四类进入门槛均越低，并且，随着进口中间品的相对产品质量水平的提升，与加工贸易相关的企业进入门槛（$\bar{q}_{pt}$和$\bar{q}_{mx}$）下降程度更高。从而可知，随着进口中间品相对产品质量的提升，贸易企业数（一般贸易型企业、加工贸易型企业和混合贸易型企业）占比有所上升，内销企业数占比有所下降。本章将以上分析总结为命题1。

命题1：相对于国内中间品而言，进口中间品的相对产品质量水平越高，本国消费者的福利水平越低，内销企业、一般贸易型企业、加工贸易型企业、混合贸易型企业的进入门槛越低。

接下来，本章将分析进口中间品生产接入程度 T_{im} 对均衡的影响，在满足假定1、假定2、假定3的情况下，各相关参数赋值如下：

$$q_r = 2，T_{ex} = 0.5，\gamma = \beta = \alpha_M = 0.5，\sigma = \rho = 4，k = 2，\xi = 0.5$$

$$\frac{[k - (1 - \gamma)(\sigma - 1)]f_E}{(q_{min})^k f_x} = B = 1，\kappa_{PT} = 0.4，\kappa_{OT} = 2，\kappa_{MX} = 1.3$$

均衡条件下进口中间品生产接入程度与价格指数之间的关系，如图5-3所示。

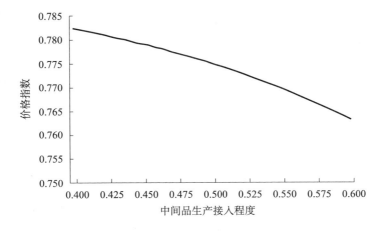

图5-3　均衡条件下进口中间品生产接入程度与价格指数的关系

资料来源：笔者根据测算结果绘制而得。

从图5-3中可以看出，进口中间品关税越低，价格指数越低，消费者间接效用越高，社会福利水平越高，均衡条件下进口中间品生产接入程度与内销企业、一般贸易型企业、加工贸易型企业、混合贸易型企业进入门槛之间的关系，如图 5 - 4 所示。

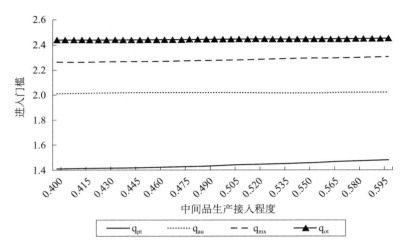

**图 5 - 4   均衡条件下进口中间品生产接入程度与内销企业、
一般贸易型企业、加工贸易型企业、混合贸易型企业进入门槛的关系**

注：q_{pt}、q_{au}、q_{mx}、q_{ot} 分别表示 $\bar{q}_{pt}$、$\bar{q}_{au}$、$\bar{q}_{mx}$、$\bar{q}_{ot}$。

资料来源：笔者根据测算结果绘制而得。

从图 5 - 4 中可以看出，进口中间品关税越低，内销企业、一般贸易型企业、加工贸易型企业、混合贸易型企业进入门槛均越高，并且随着进口中间品关税的下降，与加工贸易相关的企业进入门槛（$\bar{q}_{pt}$ 和 $\bar{q}_{mx}$）上升程度更高。从而可知，随着进口中间品关税的下降，贸易企业数（加工贸易型企业、混合贸易型企业和一般贸易型企业）占比有所下降，内销企业数占比有所上升。本章将以上分析总结为命题 2。

命题 2： 进口中间品关税越低，本国消费者的福利水平越高，内销企业、一般贸易型企业、加工贸易型企业、混合贸易型企业的进入门槛越高。

最后，本章将分析出口产品市场接入程度 T_{ex} 对均衡的影响，在满足假定 1、假定 2、假定 3 的情况下，各相关参数赋值如下：

$$q_r = 2,\ T_{im} = 0.5,\ \gamma = \beta = \alpha_M = 0.5,\ \sigma = \rho = 4,\ k = 2,\ \xi = 0.5$$

$$\frac{[k - (1 - \gamma)(\sigma - 1)]f_E}{(q_{min})^k f_x} = B = 1,\ \kappa_{PT} = 0.4,\ \kappa_{OT} = 2,\ \kappa_{MX} = 1.3$$

均衡条件下出口产品市场接入程度与价格指数的关系，如图 5 - 5 所示。

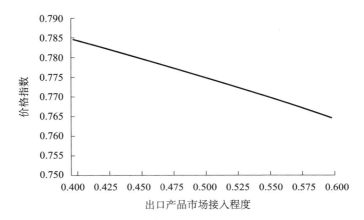

图 5 - 5 均衡条件下出口产品市场接入程度与价格指数的关系

资料来源：笔者根据测算结果绘制而得。

从图 5 - 5 可以看出，价格指数越低，出口产品市场接入程度与内销企业、一般贸易型企业、加工贸易型企业、混合贸易型企业进入门槛之间的关系，如图 5 - 6 所示。

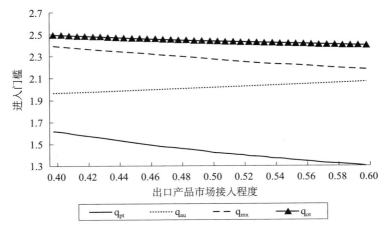

**图 5 - 6 均衡条件下出口产品市场接入程度与内销企业、
一般贸易型企业、加工贸易型企业、混合贸易型企业进入门槛的关系**

注：q_{pt}、q_{au}、q_{mx}、q_{ot} 分别表示 $\bar{q}_{pt}$、$\bar{q}_{au}$、$\bar{q}_{mx}$、$\bar{q}_{ot}$。

资料来源：笔者根据测算结果绘制而得。

从图 5 - 6 可以看出，随着出口关税水平的下降，内销企业的进入门槛（$\bar{q}_{au}$）有所上升，一般贸易型企业、加工贸易型企业、混合贸易型企业的进入门槛（$\bar{q}_{pt}$、$\bar{q}_{mx}$ 和 $\bar{q}_{ot}$）有所上升。从而可知，随着出口关税的下降，贸易企业数（一般贸易型企业、加工贸易型企业和混合贸易型企业）占比有所上升，内销企业数占比有所下降。本章将以上分析总结为命题 3。

命题 3：出口关税越低，本国消费者的福利水平越高，内销企业的进入门槛越高，加工贸易型企业、混合贸易型企业、一般贸易型企业的进入门槛越低。

5.3　企业出口国内增加值的影响因素分析

本节将采用基和唐（Kee and Tang，2016）的方式来刻画企业出口国内增加值，并在此基础上分析一般贸易型企业、加工贸易型企业和混合贸易型企业出口国内增加值的影响因素。

5.3.1　一般贸易型企业出口国内增加值率的影响因素

结合前面的分析可知，一般贸易型企业的出口国内增加值率为：

$$
\begin{aligned}
\mathrm{DVAR}_{OT} &= 1 - \frac{\displaystyle\int_0^n p_I(\theta) m_I(\theta) d\theta}{px} = 1 - \alpha_M P_M^{\rho-1} \left[p_I(\theta) \right]^{1-\rho} \frac{\sigma - 1}{\sigma} \\
& \qquad n(1 + t_{ex}) \sigma - 1 \\
&= 1 - \alpha_M \frac{\sigma - 1}{\sigma} n^* \frac{\left(q^{\beta(1-\rho)/\gamma} - n^* (1 - T_{im}) q_0^{(1-\gamma)\beta(1-\rho)/\gamma} q_I^{\beta(1-\rho)} \right)}{T_{ex} q_I^{\beta(1-\rho)} q_0^{(1-\gamma)\beta(1-\rho)/\gamma}}
\end{aligned}
$$

$$(5 - 27)$$

从式（5 - 27）可以看出，对于一般贸易型企业而言，其出口国内增加值率与进口中间品关税水平、进口中间品产品质量、出口关税水平、

出口产品质量相关,[①] 并且其具体影响为:

$$\frac{\partial \mathrm{DVAR_{OT}}}{\partial q} = \frac{\alpha_M \beta n^*(\sigma-1)(\rho-1)q^{\beta(1-\rho)/\gamma-1}}{\sigma \gamma T_{ex} q_I^{\beta(1-\rho)} q_0^{(1-\gamma)\beta(1-\rho)/\gamma}} > 0,$$

$$\frac{\partial \mathrm{DVAR_{OT}}}{\partial q_I} = -\frac{\alpha_M \beta n^*(\sigma-1)(\rho-1)q^{\beta(1-\rho)/\gamma} q_I^{\beta(\rho-1)-1}}{\sigma T_{ex} q_0^{(1-\gamma)\beta(1-\rho)/\gamma}} < 0,$$

$$\frac{\partial \mathrm{DVAR_{OT}}}{\partial T_{ex}} = \frac{\alpha_M n^*(\sigma-1)(q^{\beta(1-\rho)/\gamma} - n^*(1-T_{im})q_0^{(1-\gamma)\beta(1-\rho)/\gamma} q_I^{\beta(1-\rho)})}{\sigma T_{ex}^2 q_I^{\beta(1-\rho)} q_0^{(1-\gamma)\beta(1-\rho)/\gamma}} > 0,$$

$$\frac{\partial \mathrm{DVAR_{OT}}}{\partial T_{im}} = -\frac{\alpha_M(\sigma-1)n^*}{\sigma T_{ex}} < 0$$

$$(5-28)$$

即企业出口产品质量越高,进口中间品产品质量越低,出口关税水平越低;进口中间品关税水平越高,一般贸易型企业的出口国内增加值率越高。具体机制为:当企业出口产品质量提升时,企业产品的销售价格也随之提升,并且提升程度要高于进口中间品进口值的提升程度。因此,企业的出口国内增加值率有所增长。当企业进口中间品产品质量提升时,进口中间品进口值随之提升,并且提升程度要高于产品总销售额的提升程度,因此,企业的出口国内增加值率有所下降;当企业出口关税水平提升时,企业产品的销售价格随之下降,并且下降程度要高于进口中间品进口值的下降程度,因此,企业的出口国内增加值率有所下降;当企业进口中间品关税水平提升时,进口中间品进口值随之下降,并且下降程度要高于产品总销售额的下降程度,因此,企业的出口国内增加值率有所提升。

从上述分析可以看出,贸易自由化并不一定能促进一般贸易型企业的出口国内增加值率提升,虽然出口关税下降会使得企业产品出口额上升程度高于进口中间品进口额的提升程度,从而提升企业出口国内增加值率,但进口中间品关税的下降会带来负向效应。总体而言,企业出口

---

① 从模型分析来看,出口国内增加值率与进口中间品关税水平、进口中间品产品质量、出口关税水平、国内中间品产品质量相关,但国内中间品产品质量缺乏相关数据进行测度,因此,本章根据理论模型用出口产品质量与进口中间品产品质量的相关函数进行替换。

国内增加值率的变动情况并不确定，本章将详细讨论双边贸易自由化的影响，在接下来的分析中，双边贸易自由化是指：

$$\Delta t_{im}/t_{im} = \Delta t_{ex}/t_{ex} < 0$$

根据式（5-27）可知：

$$\frac{d(1-DVAR_{OT})}{1-DVAR_{OT}} = \frac{q_r}{n(1+t_{im})^{1-\rho}+(1-n)q_r}\frac{dn}{n} + (1-\sigma)\frac{t_{ex}}{1+t_{ex}}\frac{dt_{ex}}{t_{ex}}$$

$$-\frac{(1-\rho)(1+t_{im})^{-\rho}t_{im}}{n(1+t_{im})^{1-\rho}+(1-n)q_r}\frac{dt_{im}}{t_{im}}$$

$$=\left[\frac{\alpha_M\dfrac{(q_r-1)(1-\rho)t_{im}(1+t_{im})^{-\rho}}{n(1+t_{im})^{1-\rho}+(1-n)q_r}}{\left(\dfrac{\gamma}{\beta}-\alpha_M\right)q_r-\left(\dfrac{\gamma}{\beta}-\alpha_M(1+t_{im})^{1-\rho}\right)}\right.$$

$$\left.-\frac{\dfrac{(q_r-1)(1-\rho)t_{im}(1+t_{im})^{-\rho}}{n(1+t_{im})^{1-\rho}+(1-n)q_r}}{(1+t_{im})^{1-\rho}-q_r}+(1-\sigma)\frac{t_{ex}}{1+t_{ex}}\right]\frac{dt_{im}}{t_{im}}$$

根据假定1可知：

$$\frac{d(1-DVAR_{OT})}{1-DVAR_{OT}}\bigg/\frac{dt_{im}}{t_{im}} < 0 \qquad (5-29)$$

式（5-29）意味着，对于一般贸易型企业而言，在双边贸易自由化下，进口中间品关税下降所带来的出口国内增加值率负向效应高于同等程度的出口关税下降所带来的出口国内增加值率提升效应，最终使得企业出口国内增加值率有所下降。

接着，本章将分析企业仅使用进口中间品，即 n=1 的情况。在该情况下，国内中间品质量相对于进口中间品质量而言足够低，式（5-27）可改写为：

$$DVAR_{OT} = 1 - \alpha_M\frac{(\sigma-1)T_{im}}{\sigma T_{ex}} \qquad (5-30)$$

不难看出，当企业仅使用进口中间品时，无论是进口中间品产品质量还是出口产品质量都不会影响企业的出口国内增加值率。这是因为生产中仅使用进口中间品，因此，进口中间品质量对进口中间品价格的加成与出口产品质量对出口产品的加成一致，两者效应相互抵消，而进口中间品关税水平、出口关税水平对出口国内增加值率的影响与式（5 - 28）一致，本章将以上分析总结为命题 4。

命题 4：对于一般贸易型企业而言，进口中间品关税水平与出口国内增加值率呈正相关关系，出口关税水平和出口国内增加值率呈负相关关系，若企业同时使用国内中间品以及进口中间品，企业出口产品质量与出口国内增加值率呈正相关关系，企业进口中间品产品质量和出口国内增加值率呈负相关关系；若企业仅使用进口中间品，无论是进口中间品产品质量还是出口产品质量均不会影响企业的出口国内增加值率。

5.3.2　加工贸易型企业出口国内增加值率的影响因素

根据前面的分析可知，加工贸易型企业在中间品范围选择上将仅使用进口中间品，因此，其出口国内增加值率表达式与式（5 - 30）类似，但差异在于，加工贸易型企业使用进口中间品时无须支付进口关税，因此，加工贸易型企业的出口国内增加值率为：

$$DVAR_{PT} = 1 - \frac{(\sigma - 1)\alpha_M}{\sigma T_{ex}} \qquad (5 - 31)$$

从式（5 - 31）不难看出，对于加工贸易型企业而言，只有出口关税水平会影响其出口国内增加值率，两者呈负相关关系，当出口关税水平下降时，加工贸易型企业的出口国内增加值率上升。具体影响机制为：当企业出口关税水平提升时，企业产品的销售价格随之下降，并且下降程度要高于进口中间品进口值的下降程度，因此，企业的出口国内增加值率有所下降，这与一般贸易型企业的影响机制相同。而与一般贸易型企业影响机制的差异在于，无论是产品质量（进口中间品产品质量或者出口产品质量），还是进口中间品关税水平，均不会影响加工贸易型企业的出口国内增加值率。这是因为对于加工贸易型企业而言，其使用进口中间品时不用支付进口关税，进口中间品关税不会影响加工贸易型企业的决策行为，而加工贸易型企业在生产中仅使用进口中间品，进口中间品质量对进口中间品价格的加成与出口产品质量对出口产品的加成一致，两者效应相互抵消，这与仅使用进口中间品的一般贸易型企业一致。本章将以上分析总结为命题 5。

命题 5：对于加工贸易型企业而言，出口关税水平和出口国内增加值率呈负相关关系，进口中间品关税水平、企业出口产品质量、企业进口中间品产品质量不会影响企业的出口国内增加值率。

5.3.3 混合贸易型企业出口国内增加值率的影响因素

结合前面的分析可知，混合贸易型企业的 DVAR 为：

$$DVAR_{MX} = 1 - \alpha_M \frac{\sigma - 1}{\sigma} \left[\frac{(1-\xi) \ n^* (q^{\beta(1-\rho)/\gamma} - n^*(1-T_{im})q_0^{(1-\gamma)\beta(1-\rho)/\gamma}q_I^{\beta(1-\rho)})}{T_{ex}q_I^{\beta(1-\rho)}q_0^{(1-\gamma)\beta(1-\rho)/\gamma}} \right.$$

$$\left. + \frac{\xi T_{im}}{T_{ex}} \right] \tag{5-32}$$

从式（5-32）可以看出，对于混合贸易型企业而言，其出口国内增加值率与进口中间品关税水平、进口中间品产品质量、出口关税水平、出口产品质量、加工贸易份额相关，并且其具体影响为：

$$\frac{\partial DVAR_{MX}}{\partial q} = \frac{\alpha_M \ (1-\xi) \ \beta n^* \ (\sigma - 1) \ (\rho - 1) \ q^{\beta(1-\rho)/\gamma - 1}}{\sigma \gamma T_{ex} q_I^{\beta(1-\rho)} q_0^{(1-\gamma)\beta(1-\rho)/\gamma}} > 0,$$

$$\frac{\partial DVAR_{MX}}{\partial q_I} = -\frac{\alpha_M \ (1-\xi) \ \beta n^* \ (\sigma - 1) \ (\rho - 1) \ q^{\beta(1-\rho)/\gamma}q_I^{\beta(\rho-1)-1}}{\sigma T_{ex} q_0^{(1-\gamma)\beta(1-\rho)/\gamma}} < 0,$$

$$\frac{\partial DVAR_{MX}}{\partial T_{ex}} = \frac{\alpha_M \ (\sigma - 1)}{\sigma T_{ex}^2}$$

$$\left[\frac{n^* \ (1-\xi) \ (q^{\beta(1-\rho)/\gamma} - n^*(1-T_{im})q_0^{(1-\gamma)\beta(1-\rho)/\gamma}q_I^{\beta(1-\rho)})}{q_I^{\beta(1-\rho)}q_0^{(1-\gamma)\beta(1-\rho)/\gamma}} + \xi T_{im} \right] > 0,$$

$$\frac{\partial DVAR_{MX}}{\partial T_{im}} = -\frac{\alpha_M (\sigma - 1)(n^* + 1)}{\sigma T_{ex}} < 0,$$

$$\frac{\partial DVAR_{MX}}{\partial \xi} = -\alpha_M \frac{\sigma - 1}{\sigma T_{ex}} \left[T_{im} - \frac{n^* (q^{\beta(1-\rho)/\gamma} - n^*(1-T_{im})q_0^{(1-\gamma)\beta(1-\rho)/\gamma}q_I^{\beta(1-\rho)})}{q_I^{\beta(1-\rho)}q_0^{(1-\gamma)\beta(1-\rho)/\gamma}} \right]$$

$$< -\alpha_M \frac{\sigma - 1}{\sigma T_{ex}}(T_{im} - n^*(1-T_{im})) < 0$$

$$\tag{5-33}$$

从式（5-33）可以看出，对于混合贸易型企业而言，进口中间品关税水平、进口中间品产品质量、出口关税水平、出口产品质量对其出口国内增加值率的影响与一般贸易型企业一致。即企业出口产品质量越高，进口中间品产品质量越低，出口关税水平越低，进口中间品关税水平越高，混合贸易型企业的出口国内增加值率越高，其内在作用机制也与一般贸易型企业一致。但与一般贸易型企业的不同之处在于，加工贸易份额也会影响混合贸易型企业的 DVAR，加工贸易份额越高，混合贸易型企业的 DVAR 越低。

若混合贸易型企业在其一般贸易出口中仅使用进口中间品，不难看出，无论是进口中间品产品质量、出口产品质量还是加工贸易份额都不会影响企业的出口国内增加值率。这是因为生产中仅使用进口中间品，因此，进口中间品质量对进口中间品价格的加成与出口产品质量对出口产品的加成一致，两者效应相互抵消，这与一般贸易型企业的分析是一致的。而在该情况下，进口中间品关税水平、出口关税水平对出口国内增加值率的影响与一般贸易型企业和加工贸易型企业一致，本章将以上分析总结为命题 6。

命题 6：对于混合贸易型企业而言，进口中间品关税水平与出口国内增加值率呈正相关关系，出口关税水平和出口国内增加值率呈负相关关系。若企业一般贸易出口部分同时使用国内中间品以及进口中间品，企业出口产品质量与出口国内增加值率呈正相关关系，企业进口中间品产品质量、加工贸易份额和出口国内增加值率呈负相关关系。若企业一般贸易出口部分仅使用进口中间品，无论是进口中间品产品质量、出口产品质量还是加工贸易份额均不会影响企业的出口国内增加值率。

5.4　本章小结

本章在安特拉斯和乔尔（Antras and Chor，2013）的基础上，采用一般均衡模型同时分析供给、需求两个层面,将企业产品质量以及进口中间品质量同时纳入分析框架,并借鉴基和唐(Kee and Tang,2016)的方式来刻画企业出口国内增加值,系统分析一般贸易型企业、加工贸易型企业、混合贸易型企业出口国内增加值率的影响因素,发现三类企业出口国内增加值率的影响因素存在一定差异。具体结论有以下七个方面。

(1)相对于国内中间品而言,进口中间品产品质量水平越高,本国消费者福利水平越低,内销企业、一般贸易型企业、加工贸易型企业、混合贸易型企业的进入门槛越低,并且随着进口中间品的相对产品质量的提升,贸易企业数(一般贸易型企业、加工贸易型企业、混合贸易型企业)占比有所上升,内销企业数占比有所下降。

(2)进口中间品关税越低,本国消费者的福利水平越高,内销企业、一般贸易型企业、加工贸易型企业、混合贸易型企业的进入门槛越高,并且随着进口中间品关税的下降,贸易企业数(一般贸易型企业、加工贸易型企业、混合贸易型企业)占比有所下降,内销企业数占比有所上升。

(3)出口关税越低,本国消费者的福利水平越高,内销企业的进入门槛越高,一般贸易型企业、加工贸易型企业、混合贸易型企业的进入门槛越低。并且随着出口关税的下降,贸易企业数(一般贸易型企业、加工贸易型企业、混合贸易型企业)占比有所上升,内销企业数占比有所下降。

(4)对于一般贸易型企业而言,进口中间品关税水平与出口国内增加值率值呈正相关关系,出口关税水平和出口国内增加值率呈负相关关系。若企业同时使用国内中间品以及进口中间品,企业出口产品质量与出口国内增加值率呈正相关关系,企业进口中间品产品质量和出口国内增加值率呈负相关关系,若企业仅使用进口中间品,无论是进口中间品产品质量还是出口产品质量均不会影响企业的出口国内增加值率。

(5)对于加工贸易型企业而言,出口关税水平和出口国内增加值率呈负相关关系,进口中间品关税水平、企业出口产品质量、企业进口中间品产品质量不会影响企业的出口国内增加值率。

（6）对于混合贸易型企业而言，进口中间品关税水平与出口国内增加值率呈正相关关系，出口关税水平和出口国内增加值率呈负相关关系。若企业一般贸易出口部分同时使用国内中间品以及进口中间品，企业出口产品质量与出口国内增加值率呈正相关关系，企业进口中间品产品质量、加工贸易份额和出口国内增加值率呈负相关关系，若企业一般贸易出口部分仅使用进口中间品，无论是进口中间品产品质量、出口产品质量还是加工贸易份额均不会影响企业的出口国内增加值率。

（7）出口产品质量、进口中间品产品质量、出口关税水平、进口中间品关税水平、加工贸易份额对出口国内增加值率的具体影响机制为：对于同时使用国内中间品与进口中间品的企业而言，当企业出口产品质量提升时，企业产品的销售价格也随之提升，并且提升程度要高于进口中间品进口值的提升程度，因此，企业的出口国内增加值率有所增长。对于同时使用国内中间品与进口中间品的企业而言，当企业进口中间品产品质量提升时，进口中间品进口值随之提升，并且提升程度要高于产品总销售额的提升程度，因此，企业的出口国内增加值率有所下降。对于同时使用国内中间品与进口中间品的混合贸易型企业而言，一般贸易部分的出口国内增加值率要高于加工贸易部分的出口国内增加值率，因此，加工贸易份额越高，企业出口国内增加值率越低；对于所有类型企业而言，当企业出口关税水平提升时，企业产品的销售价格随之下降，并且下降程度要高于进口中间品进口值的下降程度。因此，企业的出口国内增加值率有所下降。对于所有类型的企业而言，当企业进口中间品关税水平提升时，进口中间品进口值随之下降，并且，下降幅度要高于产品总销售额的下降程度，因此，企业的出口国内增加值率有所提升。

第6章 中国出口国内增加值提升的微观机制：实证分析

本章以 2000 ~ 2006 年中国工业企业数据库与 2000 ~ 2006 年中国海关数据库的匹配数据为基础，从实证角度验证第 5 章模型中所阐述的中国微观企业出口国内增加值提升机制。根据第 5 章的理论分析框架，一般贸易型企业、加工贸易型企业和混合贸易型企业的出口国内增加值提升机制存在一定差异，本章将分别针对这三类企业进行验证。

6.1 基准计量模型与数据描述

在基准计量模型的选择上，本章以双向固定效应模型为基础，根据理论分析框架，具体设定见式（6 - 1）。

$$\text{dvar}_{ft} = c + \alpha_1 q_{ft}^{im} + \alpha_2 q_{ft}^{ex} + \alpha_3 d\_im_{ft} + \alpha_4 d\_ex_{ft} + \alpha_5 r_{ft}^{PT} + \text{var}^c + \delta_f + \delta_t + \varepsilon_{ft}$$

$$(6 - 1)$$

在式（6 - 1）中，下标 f 和 t 分别表示企业和年份，模型中具体变量描述如下。

（1）被解释变量。本章将以第 3 章所测度的 DVAR1、DVAR2、DVAR3 作为本章的被解释变量。

（2）解释变量。根据理论模型，本章的主要解释变量有进口中间品产品质量（q^{im}）、出口产品质量（q^{ex}）、进口中间品关税水平（d_im）、出口关税水平（d_ex）和加工贸易占比（r^{PT}）。

在产品质量的测度方面，本章采用相同的方法对进口中间品以及出口产品质量进行测度，主要借鉴康德瓦尔、肖特和魏（Khandelwal, Schott and Wei, 2013）以及范、李和耶普尔（Fan, Li and Yeaple, 2015），在需求残差的基础上进行测算，具体测算方法如下。

首先，确定测算的产品质量维度，本章的产品质量维度与施炳展、王有鑫和李坤望（2013），张杰、郑文平和翟福昕（2014）保持一致，为企业—目的国—年份—贸易方式—HS8 位码产品层面，即企业、目的国、年份、贸易方式、HS8 位码五者中有一个不同，便被视为不同观测值，产品质量测度所使用的数据均来源于中国海关数据库，估计的具体方程见式（6-2）。

$$\ln x_{dmpft} + \sigma \ln p_{dmpft} = \delta_p + \delta_{dt} + \varepsilon_{dmpft} \qquad (6-2)$$

在式（6-2）中，下标 d、m、p、f、t 分别表示目的国、贸易方式、产品、企业和年份，δ_{dt} 表示市场规模的固定效应，δ_p 表示产品的固定效应，可知企业—目的国—年份—贸易方式—HS8 位码产品层面的产品质量可以表示为：

$$\widehat{q}_{dmpft} = \widehat{\varepsilon}_{dmpft} \big/ (\widehat{\sigma} - 1) \qquad (6-3)$$

在替代弹性的估计上有多种方法。皮维多和斯马格休（Piveteau and Smagghue, 2013）和张杰、郑文平和翟福昕（2014）通过工具变量法来估计，以企业所受进口中间品进口国真实汇率波动的加权影响程度为工具变量。康德瓦尔、肖特和魏（2013）以及范、李和耶普尔（2015）则是根据已有研究对替代弹性进行设定。康德瓦尔、肖特和魏（2013）根据布罗达、格林菲尔德和温斯坦（Broda, Greenfield and Weinstein, 2006）对替代弹性的测算，假定 $\sigma = 4$。范、李和耶普尔（2015）则假定 $\sigma = 5$ 或者 $\sigma = 10$。本章根据康德瓦尔、肖特和魏（2013）方法所测算的产品质量数据作为基准模型分析，并且根据范、李和耶普尔（2015）方法所测算的产品质量数据作为稳健性检验。

其次，本章基于所测算企业—年份—目的国—HS8 位码产品—贸易方式层面的出口产品质量数据，根据以下公式汇总至企业—年份层面：

$$q_{ft} = \frac{\sum_{d \in D_{ft}, m \in M_{ft}, p \in P_{ft}} value_{dmpft} \times q_{dmpft}}{\sum_{d \in D_{ft}, m \in M_{ft}, p \in P_{ft}} value_{dmpft}} \qquad (6-4)$$

进口中间品产品质量和出口产品质量均采用对数形式。同时，本书根据 HS8 位码的具体含义将 2002 年前的 HS8 位码调整至 HS02 版本。

根据理论模型，对于一般贸易型企业和混合贸易型企业而言，进口中间品产品质量 q^{im} 前面的系数 α_1 显著为负，出口产品质量 q^{ex} 前面的系数 α_2 显著为正，对于加工贸易型企业而言，系数 α_1 与系数 α_2 均不显著。

在关税水平的刻画上，本章主要选择企业所面对的加权关税水平，以出口额（进口额）为权重将企业—年份—目的国—产品层面的关税数据汇总至企业—年份层面，加权公式见式（6-5）：

$$d_{ft} = \frac{\sum_{p,d} v_{ftpd} duty_{pdt}}{\sum_{p,d} v_{ftpd}} \qquad (6-5)$$

在式（6-5）中，v 表示出口额（进口额），duty 表示出口关税（进口中间品关税），这里的产品层面主要指 HS6 位码层面，关税数据来自联合国贸发会议（UNCTAD）关税数据库。与进口中间品产品质量和出口产品质量不同之处在于，出口关税水平和进口中间品关税水平的值域中包含 0，并且关税水平为 0 也具有实际意义，因此，关税水平将采用（1 + 关税水平）的对数形式。

根据理论模型，对于一般贸易型企业和混合贸易型企业而言，进口中间品关税水平 d_im 前面的系数 α_3 显著为正，出口关税水平 d_ex 前面的系数 α_4 显著为负，对于加工贸易型企业而言，回归模型中不含解释变量系数进口中间品关税水平 d_im，α_4 显著为负。

在加工贸易占比的刻画上，采用企业层面的加工贸易出口占总出口比重的对数形式来衡量。

根据理论模型，对于一般贸易型企业和加工贸易型企业而言，回归模型中不含解释变量加工贸易占比 r^{PT}，对于混合贸易型企业而言，r^{PT} 前面的系数 α_5 显著为负。

（3）控制变量。本章主要选取企业生产率（tfp）、行业竞争程度（hhi）以及资本劳动比（k_l）作为控制变量。

目前，关于中国企业生产率的测算大多采用奥利-派克斯（OP）方法（Olley and Pakes，1996）和列文森-彼得林（LP）方法（Levinsohn and Petrin，2003），如余淼杰（2010）、鲁晓东和连玉君（2012）、杨汝岱（2015）等。列文森和佩特林（Levinsohn and Petrin，2003）指出，OP 方法要求企业的投资额为正，而在现实中并非所有企业都能满足这一条件，使得大量样本缺失，因此，本章将采用 LP 方法对企业生产率进行测算，在生产函数的假定上，将采用增加值形式，即 $va = AK^{\alpha_K}L^{\alpha_L}$。其中，va 表示企业增加值，K 和 L 分别表示企业资本和劳动力的投入量。生产率测算所使用的数据为 1998～2007 年中国工业企业数据库中的制造业企业数据。

在数据处理上，本章参考布兰德、比塞布鲁克和张（Brand，Biese-broeck and Zhang，2012），聂辉华、江艇和杨汝岱（2012），田巍和余淼杰（2013）等的方法，删除了不符合标准的样本。同时，本章还根据各省份历年的平减指数对投资、固定资产、中间品和增加值进行了调整，平减指数数据来源于国研网。同时，本章借鉴杨汝岱（2015）的方法，假定不同二位码行业层面的替代弹性不同，29 个制造业行业的替代弹性如表 6 - 1 所示，生产率数据将采用对数形式。

表 6 - 1　　　　　　　　各行业的替代弹性

行业名称	劳动力弹性		资本弹性	
	系数	z 值	系数	z 值
农副食品加工业	0.102 3	0.004 9	0.169 8	0.005 3
食品制造业	0.089 9	0.006 7	0.173 7	0.008 6
饮料制造业	0.131 6	0.007 6	0.149 0	0.011 9
烟草制品业	0.124 3	0.040 9	0.225 2	0.047 3
纺织业	0.153 6	0.003 2	0.153 7	0.004 4
纺织服装、鞋、帽制造业	0.215 7	0.005 6	0.140 0	0.005 1

续表

行业名称	劳动力弹性		资本弹性	
	系数	z 值	系数	z 值
皮革、毛皮、羽毛（绒）及其制品业	0.168 4	0.005 7	0.152 7	0.007 7
木材加工及木、竹、藤、棕、草制品业	0.142 3	0.006 5	0.153 9	0.008 3
家具制造业	0.134 3	0.009 1	0.141 5	0.010 6
造纸及纸制品业	0.140 5	0.006 5	0.153 9	0.008 3
印刷业和记录媒介的复制业	0.160 6	0.008 0	0.139 3	0.010 3
文教体育用品制造业	0.197 0	0.007 3	0.107 6	0.008 4
石油加工、炼焦及核燃料加工业	0.131 9	0.013 4	0.243 3	0.027 3
化学原料及化学制品制造业	0.087 3	0.003 7	0.180 0	0.005 3
医药制造业	0.116 5	0.009 6	0.193 9	0.013 1
化学纤维制造业	0.135 4	0.013 2	0.176 8	0.018 4
橡胶制品业	0.090 5	0.008 8	0.182 8	0.012 5
塑料制品业	0.153 0	0.005 5	0.156 3	0.006 8
非金属矿物制品业	0.109 4	0.003 4	0.130 9	0.004 5
黑色金属冶炼及压延加工业	0.144 2	0.007 0	0.203 6	0.012 1
有色金属冶炼及压延加工业	0.137 9	0.006 3	0.215 2	0.012 9
金属制品业	0.144 6	0.004 6	0.165 1	0.006 1
通用设备制造业	0.111 5	0.004 5	0.157 4	0.005 2
专用设备制造业	0.077 6	0.005 9	0.170 5	0.008 1
交通运输设备制造业	0.131 6	0.005 7	0.171 0	0.007 6
电气机械及器材制造业	0.133 3	0.005 4	0.188 4	0.007 6
通信设备、计算机及其他电子设备制造业	0.158 8	0.005 0	0.187 5	0.008 4
仪器仪表及文化、办公用机械制造业	0.128 4	0.008 1	0.158 5	0.011 4
工艺品及其他制造业	0.197 0	0.007 3	0.144 9	0.010 5

资料来源：笔者根据杨汝岱（2015）整理而得。

本章将采用根据企业总产值计算的 4 位码行业层面 HHI 指数来刻画行业竞争程度（hhi），并且根据对照表将 2002 年前的 4 位码行业与 2002 年后的 4 位码行业调整一致。资本劳动比为固定资产与从业人数比值的对数形式。各相关变量的描述性统计情况，如表 6 - 2 所示。

表 6 - 2　　　　　　　　各相关变量的描述性统计情况

变量名	变量解释	样本数	均值	标准差	最小值	最大值
DVAR1	DVAR1	99 070	0. 747	0. 261	0. 000	1. 000
DVAR2	DVAR2	91 289	0. 730	0. 274	0. 000	1. 000
DVAR3	DVAR3	91 289	0. 694	0. 265	0. 000	1. 000
q_1^{ex}	$\sigma = 4$ 出口产品质量	218 110	1. 742	2. 018	- 11. 138	20. 592
q_1^{im}	$\sigma = 4$ 进口中间品质量	146 122	- 0. 068	3. 411	- 19. 123	13. 844
q_2^{ex}	$\sigma = 5$ 出口产品质量	218 110	1. 472	1. 943	- 10. 594	20. 009
q_2^{im}	$\sigma = 5$ 进口中间品质量	146 122	0. 074	2. 727	- 16. 933	14. 493
q_3^{ex}	$\sigma = 10$ 出口产品质量	218 110	0. 966	1. 638	- 10. 086	18. 196
q_3^{im}	$\sigma = 10$ 进口中间品质量	146 122	- 0. 208	2. 285	- 15. 864	13. 874
d_ex	出口关税	218 110	1. 279	0. 959	0	6. 834
d_im	进口中间品关税	121 968	2. 347	0. 653	0	5. 083
r^{PT}	加工贸易比例	75 969	- 0. 679	0. 433	- 11. 114	0
tfp	企业生产率	222 654	6. 238	1. 492	- 3. 193	13. 339
hhi	HHI 指数	233 778	0. 052	0. 084	0. 002	1
k_l	资本劳动比	232 306	3. 716	1. 400	- 5. 617	14. 447

资料来源：笔者根据中国海关数据库与中国工业企业数据库的匹配数据，应用 Stata 软件计算整理而得。

6.2　一般贸易型企业出口国内增加值影响因素分析

结合第 5 章的理论模型，一般贸易型企业的出口国内增加值主要受企业出口产品质量、进口中间品产品质量、出口关税水平、进口中间品关税水平影响，本节将分析这些因素的具体影响。

6.2.1　一般贸易型企业基准模型回归结果分析

一般贸易型企业基准模型回归结果，如表 6-3 所示。

表 6-3　　　　　　　　　一般贸易型企业基准模型回归结果

变量	DVAR1		DVAR2		DVAR3	
q_1^{ex}	0.038 0 ***	0.040 8 ***	0.041 2 ***	0.045 2 ***	0.038 2 ***	0.043 8 ***
	(0.000)	(0.000)	(0.000)	(0.000)	(0.000)	(0.000)
q_1^{im}	−0.026 0 ***	−0.024 9 ***	−0.027 5 ***	−0.026 5 ***	−0.026 6 ***	−0.025 6 ***
	(0.000)	(0.000)	(0.000)	(0.000)	(0.000)	(0.000)
d_ex	−0.006 6 ***	−0.006 5 ***	−0.010 9 ***	−0.011 5 ***	−0.010 9 ***	−0.011 9 ***
	(0.000)	(0.000)	(0.000)	(0.000)	(0.000)	(0.000)
d_im	0.015 0 ***	0.013 5 ***	0.022 9 ***	0.021 9 ***	0.023 3 ***	0.021 9 ***
	(0.000)	(0.000)	(0.000)	(0.000)	(0.000)	(0.000)
tfp	—	0.062 7 ***	—	0.076 9 ***	—	0.098 6 ***
	—	(0.000)	—	(0.000)	—	(0.000)
hhi	—	0.069 7 ***	—	0.072 7 ***	—	0.077 8 ***
	—	(0.000)	—	(0.000)	—	(0.000)
k_l	—	0.060 4 ***	—	0.073 4 ***	—	0.093 3 ***
	—	(0.000)	—	(0.000)	—	(0.000)
时间固定效应	√	√	√	√	√	√
企业固定效应	√	√	√	√	√	√
F 值	895.72	656.11	427.42	320.37	479.06	375.19
样本数	21 770	20 923	19 567	18 818	19 567	18 818

注：括号中为 p 值。***、**、* 分别表示在 1%、5% 和 10% 水平上显著。DVAR1、DVAR2、DVAR3 分别表示被解释变量。"—"表示无，"√"表示控制。

资料来源：笔者根据中国海关数据库与中国工业企业数据库的匹配数据，应用 Stata 软件计算整理而得。

从表 6-3 中可以看出，对于一般贸易型企业而言，企业出口产品质量、进口中间品关税水平与企业出口国内增加值率呈正相关关系，进口中间品产品质量、出口关税水平与企业出口国内增加值率呈负相关关系。这与理论模型中的结论一致。其中，出口产品质量每提升 1%，企业出口国内增加值率提升 0.038 0～0.045 2；进口中间品质量每提升 1%，企业出口国内增加值率下降 0.024 9～0.027 5；出口关税水平每提升 1%，企业出口国内增加值率下降 0.006 5 ~ 0.011 9；进口中间品关税水平每提升 1%，企业出口国内增加值率提升 0.013 5 ~ 0.023 3。在控制变量上，企业生产率、HHI 指数、资本劳动比与企业出口国内增加值率均呈正相关关系。这意味着，企业生产率水平越高，面临的竞争程度越低，资本密集度越高，企业的出口国内增加值率越高。企业生产率每提升 1%，企业出口国内增加值率提升 0.062 7 ~ 0.098 6；HHI 每提升 1，企业出口国内增加值率提升 0.069 7 ~ 0.077 8；资本劳动比提升每提升 1，企业出口国内增加值率提升 0.060 4 ~ 0.093 3。

6.2.2　稳健性检验

本节将考虑实证研究中可能存在的变量测量误差、内生性和回归方法等问题，采用三种方式进行稳健性检验。首先，采用范、李和耶普尔（Fan，Li and Yeaple，2015）方法测算出口产品质量、进口中间品产品质量，来替代基准模型中的产品质量；其次，采用二阶段最小二乘法（2SLS）处理相关内生性问题；最后，采用面板数据分位数回归的方法对方程重新进行估计。

替代产品质量的稳健性检验结果，如表 6 - 4、表 6 - 5 所示。

表 6 - 4　　　　一般贸易型企业替代产品质量的稳健性检验结果一

变量	DVAR1		DVAR2		DVAR3	
q_2^{ex}	0.045 7 ***	0.049 2 ***	0.049 0 ***	0.053 9 ***	0.045 5 ***	0.052 1 ***
	（0.000）	（0.000）	（0.000）	（0.000）	（0.000）	（0.000）
q_2^{im}	- 0.023 0 ***	- 0.021 9 ***	- 0.024 2 ***	- 0.023 2 ***	- 0.023 6 ***	- 0.022 6 ***
	（0.000）	（0.000）	（0.000）	（0.000）	（0.000）	（0.000）
d_ex	- 0.007 2 ***	- 0.007 1 ***	- 0.011 6 ***	- 0.012 2 ***	- 0.011 6 ***	- 0.012 5 ***
	（0.000）	（0.000）	（0.000）	（0.000）	（0.000）	（0.000）
d_im	0.015 8 ***	0.014 2 ***	0.023 6 ***	0.022 5 ***	0.024 0 ***	0.022 5 ***
	（0.000）	（0.000）	（0.000）	（0.000）	（0.000）	（0.000）
tfp	—	0.071 9 ***	—	0.086 2 ***	—	0.107 5 ***
	—	（0.000）	—	（0.000）	—	（0.000）
hhi	—	0.076 2 ***	—	0.079 9 ***	—	0.084 7 ***
	—	（0.000）	—	（0.000）	—	（0.000）
k_l	—	0.069 4 ***	—	0.082 4 ***	—	0.102 0 ***
	—	（0.000）	—	（0.000）	—	（0.000）

续表

变量	DVAR1		DVAR2		DVAR3	
时间固定效应	√	√	√	√	√	√
企业固定效应	√	√	√	√	√	√
F 值	743.04	555.69	367.02	280.85	444.49	353.21
样本数	21 770	20 923	19 567	18 818	19 567	18 818

注：括号中为 p 值。***、**、* 分别表示在 1%、5% 和 10% 的水平上显著。DVAR1、DVAR2、DVAR3 分别表示被解释变量。"—"表示无，"√"表示控制。

资料来源：笔者根据中国海关数据库与中国工业企业数据库的匹配数据，应用 Stata 软件计算整理而得。

表 6 - 5　　　　一般贸易型企业替代产品质量的稳健性检验结果二

变量	DVAR1		DVAR2		DVAR3	
q_3^{ex}	0.049 3 *** (0.000)	0.053 7 *** (0.000)	0.052 0 *** (0.000)	0.058 1 *** (0.000)	0.048 1 *** (0.000)	0.056 2 *** (0.000)
q_3^{im}	-0.022 6 *** (0.000)	-0.021 4 *** (0.000)	-0.023 1 *** (0.000)	-0.022 1 *** (0.000)	-0.022 7 *** (0.000)	-0.021 7 *** (0.000)
d_ex	-0.008 6 *** (0.000)	-0.008 7 *** (0.000)	-0.013 2 *** (0.000)	-0.013 9 *** (0.000)	-0.013 1 *** (0.000)	-0.014 1 ***
d_im	0.017 5 *** (0.000)	0.015 6 *** (0.000)	0.025 1 *** (0.000)	0.023 8 *** (0.000)	0.025 4 *** (0.000)	0.023 7 ***
tfp	— —	0.074 1 *** (0.000)	—	0.088 0 *** (0.000)	—	0.109 2 *** (0.000)
hhi	—	0.076 9 *** (0.000)	—	0.080 3 *** (0.000)	—	0.085 2 *** (0.000)
k_l	—	0.071 5 *** (0.000)	—	0.084 1 *** (0.000)	—	0.103 6 *** (0.000)
时间固定效应	√	√	√	√	√	√
企业固定效应	√	√	√	√	√	√
F 值	554.67	418.59	285.84	221.55	396.73	318.03
样本数	21 770	20 923	19 567	18 818	19 567	18 818

注：括号中为 p 值。***、**、* 分别表示在 1%、5% 和 10% 的水平上显著。DVAR1、DVAR2、DVAR3 分别表示被解释变量。"—"表示无，"√"表示控制。

资料来源：笔者根据中国海关数据库与中国工业企业数据库的匹配数据，应用 Stata 软件计算整理而得。

　　表 6 - 4 和表 6 - 5 的结果与表 6 - 3 基本一致。企业出口产品质量与企业出口国内增加值率呈正相关关系。表 6 - 4 中的出口产品质量每提升 1% ，企业出口国内增加值率提升 0.045 5 ~ 0.053 9；表 6 - 5 中的出口产品质量每提升 1% ，企业出口国内增加值率提升 0.048 1 ~ 0.058 1。进口中间品产品质量与企业出口国内增加值率呈负相关关系。表 6 - 4 中的进口中间品质量每提升 1% ，企业出口国内增加值率下降 0.021 9 ~ 0.024 2；表 6 - 5 中的进口中间品质量每提升 1% ，企业出口国内增加值率下降 0.021 4 ~ 0.023 1。出口关税水平与企业出口国内增加值率呈负相关关系。表 6 - 4 中的出口关税水平每提升 1% ，企业出口国内增加值率下降 0.007 1 ~ 0.012 5。表 6 - 5 中的出口关税水平每提升 1% ，企业出口国内增加值率下降 0.008 6 ~ 0.014 1。进口中间品关税水平与企业出口国内增加值率呈正相关关系。表 6 - 4 中的进口中间品关税水平每提升 1% ，企业出口国内增加值率提升 0.014 2 ~ 0.024 0；表 6 - 5 中进口中间品关税水平每提升 1% ，企业出口国内增加值率提升 0.015 6 ~ 0.025 4。

　　考虑内生性问题的稳健性检验。由于企业出口产品质量、进口中间品产品质量、出口关税水平、进口中间品关税水平和企业出口国内增加值率之间可能存在内生性，本节将使用这些变量的滞后一期作为工具变量，采用二阶段最小二乘法（2SLS）处理相关内生性问题。二阶段最小二乘法（2SLS）的结果如表 6 - 6 所示，从表 6 - 6 中可以看出，在处理内生性之后，本书结论并未发生较大变化。

表 6 - 6　　一般贸易型企业二阶段最小二乘法（2SLS）的回归结果

变量	DVAR1		DVAR2		DVAR3	
q_1^{ex}	0.032 0 *** (0.000)	0.023 7 *** (0.001)	0.048 1 *** (0.000)	0.049 3 *** (0.000)	0.050 1 *** (0.000)	0.055 3 *** (0.000)
q_1^{im}	− 0.016 8 *** (0.000)	− 0.020 4 *** (0.000)	− 0.025 6 *** (0.000)	− 0.027 2 *** (0.000)	− 0.019 8 *** (0.000)	− 0.020 7 *** (0.000)
d_ex	− 0.007 6 ** (0.015)	− 0.010 7 *** (0.000)	− 0.009 9 *** (0.000)	− 0.012 9 *** (0.000)	− 0.010 3 *** (0.000)	− 0.011 4 *** (0.000)
d_im	0.012 3 *** (0.000)	0.019 8 *** (0.000)	0.020 6 *** (0.000)	0.019 7 *** (0.000)	0.026 6 *** (0.000)	0.019 9 *** (0.000)

续表

变量	DVAR1		DVAR2		DVAR3	
tfp	—	0.070 3 ***	—	0.084 1 ***	—	0.098 7 ***
	—	(0.000)	—	(0.000)	—	(0.000)
hhi	—	0.066 1 ***	—	0.079 1 ***	—	0.080 3 ***
	—	(0.000)	—	(0.000)	—	(0.000)
k_l	—	0.074 8 ***	—	0.080 3 ***	—	0.099 1 ***
	—	(0.000)	—	(0.000)	—	(0.000)
样本数	12 807	12 423	11 412	11 079	11 412	11 079

注：括号中为 p 值。 ***、**、* 分别表示在 1%、5% 和 10% 的水平上显著。DVAR1、DVAR2、DVAR3 分别表示被解释变量。"—"表示无。

资料来源：笔者根据中国海关数据库与中国工业企业数据库的匹配数据，应用 Stata 软件计算整理而得。

通过面板数据分位数回归的方法进行稳健性检验。如果出口国内增加值率关于企业出口产品质量、进口中间品关税水平、进口中间品产品质量、出口关税水平的条件分布是非对称的，均值回归的结果则不能准确反映解释变量和被解释变量之间的关系。除此之外，分位数回归还能消除极端值的影响，以及分析不同企业出口国内增加值率分布下各解释变量的具体影响。由于本章所使用的数据为 2000~2006 年企业面板数据，在进行分位数回归前需要对企业的固定效应进行处理。具体处理上本章将借鉴科恩克（Koenker，2004）、伊凡（Ivan，2011）的方法，即假定企业固定效应为可加性固定效应，对删除固定效应后的被解释变量进行分位数回归，回归结果如表 6-7~表 6-9 所示。

表 6-7   一般贸易型企业分位数回归结果（被解释变量为 DVAR1）

变量	q05	q25	q50	q75	q95
q_1^{ex}	0.043 1 ***	0.039 5 ***	0.040 8 ***	0.040 0 ***	0.035 8 ***
	(0.000)	(0.000)	(0.000)	(0.000)	(0.000)
q_1^{im}	−0.027 8 ***	−0.025 2 ***	−0.024 9 ***	−0.022 8 ***	−0.017 8 ***
	(0.000)	(0.000)	(0.000)	(0.000)	(0.000)
d_ex	−0.004 4 ***	−0.005 2 ***	−0.006 5 ***	−0.006 9 ***	−0.009 9 ***
	(0.000)	(0.000)	(0.000)	(0.000)	(0.000)
d_im	0.017 1 ***	0.013 3 ***	0.013 5 ***	0.012 5 ***	0.009 0 ***
	(0.000)	(0.000)	(0.000)	(0.000)	(0.000)

续表

变量	q05	q25	q50	q75	q95
tfp	0.063 9 *** (0.000)	0.058 6 *** (0.000)	0.062 7 *** (0.000)	0.061 8 *** (0.000)	0.052 7 *** (0.000)
hhi	0.061 2 *** (0.000)	0.055 1 *** (0.000)	0.069 7 *** (0.000)	0.072 6 *** (0.000)	0.081 0 *** (0.000)
k_l	0.058 9 *** (0.000)	0.055 6 *** (0.000)	0.060 4 *** (0.000)	0.060 2 *** (0.000)	0.052 8 *** (0.000)
Pseudo R^2	0.740 6	0.731 9	0.724 1	0.640 6	0.522 5

注：括号中为 p 值。***、**、* 分别表示在 1%、5% 和 10% 的水平上显著。q05、q25、q50、q75、q95 分别表示分位数为 0.05、0.25、0.50、0.75 和 0.95。

资料来源：笔者根据中国海关数据库与中国工业企业数据库的匹配数据，应用 Stata 软件计算整理而得。

表 6 - 8　　一般贸易型企业分位数回归结果（被解释变量为 DVAR2）

变量	q05	q25	q50	q75	q95
q_1^{ex}	0.049 3 *** (0.000)	0.044 1 *** (0.000)	0.045 2 *** (0.000)	0.044 1 *** (0.000)	0.038 3 *** (0.000)
q_1^{im}	-0.032 2 *** (0.000)	-0.027 1 *** (0.000)	-0.026 5 *** (0.000)	-0.023 9 *** (0.000)	-0.017 3 *** (0.000)
d_ex	-0.007 7 *** (0.000)	-0.009 9 *** (0.000)	-0.011 5 *** (0.000)	-0.011 9 *** (0.000)	-0.014 6 *** (0.000)
d_im	0.031 6 *** (0.000)	0.021 7 *** (0.000)	0.021 9 *** (0.000)	0.019 7 *** (0.000)	0.012 2 *** (0.000)
tfp	0.086 0 *** (0.000)	0.071 6 *** (0.000)	0.076 9 *** (0.000)	0.075 5 *** (0.000)	0.061 9 *** (0.000)
hhi	0.044 9 ** (0.000)	0.058 2 *** (0.000)	0.072 7 *** (0.000)	0.078 0 *** (0.000)	0.100 2 *** (0.000)
k_l	0.078 0 *** (0.000)	0.067 2 *** (0.000)	0.073 4 *** (0.000)	0.072 9 *** (0.000)	0.062 7 *** (0.000)
Pseudo R^2	0.672 4	0.676 9	0.672 4	0.576 1	0.423 1

注：括号中为 p 值。***、**、* 分别表示在 1%、5% 和 10% 的水平上显著。q05、q25、q50、q75、q95 分别表示分位数为 0.05、0.25、0.50、0.75 和 0.95。

资料来源：笔者根据中国海关数据库与中国工业企业数据库的匹配数据，应用 Stata 软件计算整理而得。

表6-9　一般贸易型企业分位数回归结果（被解释变量为 DVAR3）

变量	q05	q25	q50	q75	q95
q_1^{ex}	0.046 5 *** (0.000)	0.042 5 *** (0.000)	0.043 8 *** (0.000)	0.043 2 *** (0.000)	0.038 9 *** (0.000)
q_1^{im}	- 0.031 3 *** (0.000)	- 0.026 2 *** (0.000)	- 0.025 6 *** (0.000)	- 0.023 3 *** (0.000)	- 0.017 6 *** (0.000)
d_ex	- 0.007 8 *** (0.000)	- 0.010 2 *** (0.000)	- 0.011 9 *** (0.000)	- 0.012 4 *** (0.000)	- 0.016 7 *** (0.000)
d_im	0.031 6 *** (0.000)	0.021 8 *** (0.000)	0.021 9 *** (0.000)	0.019 7 *** (0.000)	0.012 2 *** (0.000)
tfp	0.108 6 *** (0.000)	0.094 2 *** (0.000)	0.098 6 *** (0.000)	0.099 8 *** (0.000)	0.093 7 *** (0.000)
hhi	0.061 2 *** (0.003)	0.069 3 *** (0.000)	0.077 8 *** (0.000)	0.085 7 *** (0.000)	0.126 4 *** (0.000)
k_l	0.099 4 *** (0.000)	0.088 0 *** (0.000)	0.093 3 *** (0.000)	0.095 6 *** (0.000)	0.095 3 *** (0.000)
Pseudo R^2	0.636 3	0.638 4	0.631 0	0.528 3	0.340 2

注：括号中为 p 值。***、**、* 分别表示在1%、5%和10%的水平上显著。q05、q25、q50、q75、q95 分别表示分位数为0.05、0.25、0.50、0.75 和0.95。

资料来源：笔者根据中国海关数据库与中国工业企业数据库的匹配数据，应用 Stata 软件计算整理而得。

分位数回归的结果也印证了基准模型的回归结果，并且从表6-7～表6-9 中还可以看出，随着企业出口国内增加值率的提升，进口中间品产品质量与进口中间品关税的影响在逐渐下降，出口关税水平的影响在不断提升，出口产品质量的影响不存在显著趋势。不同出口国内增加值率下各因素影响差异的相关检验结果，如表6-10 所示。

表6-10　不同出口国内增加值率下一般贸易型企业各因素影响差异的检验结果

变量	DVAR	q05 : q25	q25 : q50	q50 : q75	q75 : q95
q_1^{ex}	DVAR1	- 0.003 5 *** (0.000)	0.001 2 *** (0.000)	- 0.000 8 *** (0.000)	- 0.004 2 *** (0.000)
	DVAR2	- 0.005 1 *** (0.000)	0.001 1 *** (0.000)	- 0.001 1 *** (0.000)	- 0.005 8 *** (0.000)
	DVAR3	- 0.004 0 *** (0.000)	0.001 3 *** (0.000)	- 0.000 6 ** (0.015)	- 0.004 2 *** (0.000)

续表

变量	DVAR	q05：q25	q25：q50	q50：q75	q75：q95
q_1^{im}	DVAR1	− 0. 002 5 *** (0. 000)	− 0. 000 4 *** (0. 005)	− 0. 002 1 *** (0. 000)	− 0. 005 0 *** (0. 000)
	DVAR2	− 0. 005 1 *** (0. 000)	− 0. 000 6 *** (0. 000)	− 0. 002 6 *** (0. 000)	− 0. 006 6 *** (0. 000)
	DVAR3	− 0. 005 1 *** (0. 002)	− 0. 000 6 *** (0. 000)	− 0. 002 3 *** (0. 000)	− 0. 005 7 *** (0. 000)
d_ex	DVAR1	0. 000 8 (0. 510)	0. 001 4 *** (0. 000)	0. 000 4 (0. 119)	0. 003 0 *** (0. 000)
	DVAR2	0. 002 2 (0. 108)	0. 001 6 *** (0. 000)	0. 000 4 (0. 124)	0. 002 7 ** (0. 018)
	DVAR3	0. 002 4 (0. 103)	0. 001 6 *** (0. 000)	0. 000 6 (0. 105)	0. 004 3 *** (0. 001)
d_im	DVAR1	0. 003 7 *** (0. 004)	− 0. 000 2 (0. 380)	0. 001 0 *** (0. 000)	0. 003 6 *** (0. 000)
	DVAR2	0. 009 9 *** (0. 000)	− 0. 000 2 (0. 569)	0. 002 2 *** (0. 000)	0. 007 5 *** (0. 000)
	DVAR3	0. 009 8 *** (0. 000)	− 0. 000 1 (0. 760)	0. 002 2 *** (0. 000)	0. 007 5 *** (0. 000)

　　注：括号中为 p 值。***、**、* 分别表示在 1%、5% 和 10% 的水平上显著。q05、q25、q50、q75、q95 分别表示分位数为 0. 05、0. 25、0. 50、0. 75 和 0. 95。q05：q25 表示分位数为 0. 05 与 0. 25 之间相同影响因素差异的检验，原假设为 x［q05］= x［q25］，数值为 q25 前的系数绝对值与 q05 前的系数绝对值之差，以此类推。

　　资料来源：笔者根据中国海关数据库与中国工业企业数据库的匹配数据，应用 Stata 软件计算整理而得。

　　结合表 6 - 7 ~ 表 6 - 10 可知：

　　（1）对于出口国内增加值率最高的一般贸易型企业（q95）而言，进口中间品产品质量与进口中间品关税对出口国内增加值率的影响显著低于其他一般贸易型企业，出口关税水平对出口国内增加值率的影响显著高于其他一般贸易型企业。出口产品质量每提升 1%，出口国内增加值率上升 0. 035 8 ~ 0. 038 9；进口中间品产品质量每提升 1%，出口国内增加值率下降 0. 017 3 ~ 0. 017 8；出口关税每提升 1%，出口国内增加值率下降 0. 009 9 ~ 0. 016 7；进口中间品关税每提升 1%，出口国内增加值率上升 0. 009 0 ~ 0. 012 2。

（2）对于出口国内增加值率较高的一般贸易型企业（q75）而言，进口中间品产品质量与进口中间品关税对出口国内增加值率的影响显著低于分位数为 q05、q25、q50 的一般贸易型企业，出口关税水平对出口国内增加值率的影响显著高于分位数为 q05、q25 的一般贸易型企业，与分位数为 q50 的一般贸易型企业不存在显著差异。出口产品质量每提升1%，出口国内增加值率上升 0.040 0 ～ 0.044 1；进口中间品产品质量每提升 1%，出口国内增加值率下降 0.022 8 ～ 0.023 9；出口关税每提升1%，出口国内增加值率下降 0.006 9 ～ 0.012 4；进口中间品关税每提升1%，出口国内增加值率上升 0.012 5 ～ 0.019 7。

（3）对于出口国内增加值率处于中间水平（q50）的一般贸易型企业而言，出口关税水平对出口国内增加值率的影响显著高于分位数为 q05、q25 的一般贸易型企业，进口中间品产品质量对出口国内增加值率的影响显著低于分位数为 q05、q25 的一般贸易型企业。进口中间品关税对出口国内增加值率的影响显著低于分位数为 q05 的一般贸易型企业，与分位数为 q25 的一般贸易型企业不存在显著差异。出口产品质量每提升 1%，出口国内增加值率上升 0.040 8 ～ 0.045 2；进口中间品产品质量每提升 1%，出口国内增加值率下降 0.024 9 ～ 0.026 5；出口关税每提升1%，出口国内增加值率下降 0.006 5 ～ 0.011 9；进口中间品关税每提升1%，出口国内增加值率上升 0.013 5 ～ 0.021 9。

（4）对于出口国内增加值率较低（q25）的一般贸易型企业而言，出口关税水平对出口国内增加值率的影响与分位数为 q05 的一般贸易型企业不存在显著差异，进口中间品产品质量与进口中间品关税对出口国内增加值率的影响显著低于分位数为 q05 的一般贸易型企业。出口产品质量每提升1%，出口国内增加值率上升 0.039 5 ～ 0.044 1；进口中间品产品质量每提升 1%，出口国内增加值率下降 0.025 2 ～ 0.027 1；出口关税每提升1%，出口国内增加值率下降 0.005 2 ～ 0.010 2；进口中间品关税每提升1%，出口国内增加值率上升 0.013 3 ～ 0.021 8。

（5）对于出口国内增加值率最低（q05）的一般贸易型企业而言，出口产品质量每提升 1%，出口国内增加值率上升 0.043 1 ~ 0.049 3；进口中间品产品质量每提升 1%，出口国内增加值率下降 0.027 8 ~ 0.032 2；出口关税每提升 1%，出口国内增加值率下降 0.004 4 ~ 0.007 8；进口中间品关税每提升 1%，出口国内增加值率上升 0.017 1 ~ 0.031 6。

6.2.3　各因素影响差异分析

本节将对上述 33 个回归方程中企业出口产品质量、进口中间品关税水平、进口中间品产品质量、出口关税水平前四个系数 α_1、α_2、α_3、α_4 绝对值之间的大小进行检验，共计 198 次检验，检验的结果如表 6 - 11 所示。

表 6 - 11　　　　　　　　　一般贸易型企业影响因素差异检验结果

表	列	α_2 和 α_1	α_2 和 α_4	α_2 和 α_3	α_1 和 α_4	α_1 和 α_3	α_3 和 α_4
表 6 - 3	1	0.000 0	0.000 0	0.000 0	0.000 0	0.000 0	0.000 0
	2	0.000 0	0.000 0	0.000 0	0.000 0	0.000 0	0.000 3
	3	0.000 0	0.000 0	0.000 0	0.000 0	0.053 6	0.000 1
	4	0.000 0	0.000 0	0.000 0	0.000 0	0.053 2	0.000 6
	5	0.000 0	0.000 0	0.000 0	0.000 0	0.288 9	0.001 7
	6	0.000 0	0.000 0	0.000 0	0.000 0	0.247 9	0.012 2
表 6 - 4	1	0.000 0	0.000 0	0.000 0	0.000 0	0.000 0	0.000 0
	2	0.000 0	0.000 0	0.000 0	0.000 0	0.000 0	0.000 4
	3	0.000 0	0.000 0	0.000 0	0.000 0	0.829 0	0.000 1
	4	0.000 0	0.000 0	0.000 0	0.000 0	0.770 2	0.000 9
	5	0.000 0	0.000 0	0.000 0	0.000 0	0.886 2	0.001 9
	6	0.000 0	0.000 0	0.000 0	0.000 4	0.983 2	0.014 0
表 6 - 5	1	0.000 0	0.000 0	0.000 0	0.002 9	0.000 0	0.000 0
	2	0.000 0	0.000 0	0.000 0	0.000 0	0.001 0	0.000 0
	3	0.000 0	0.000 0	0.000 0	0.000 0	0.433 9	0.000 2
	4	0.000 0	0.000 0	0.000 0	0.000 3	0.513 4	0.002 1
	5	0.000 0	0.000 0	0.000 0	0.000 8	0.411 9	0.002 5
	6	0.000 0	0.000 0	0.000 0	0.010 1	0.538 3	0.020 6
表 6 - 7	q05	0.000 0	0.000 0	0.000 0	0.000 0	0.000 0	0.000 0
	q25	0.000 0	0.000 0	0.000 0	0.000 0	0.000 0	0.000 0

表	列	α_2 和 α_1	α_2 和 α_4	α_2 和 α_3	α_1 和 α_4	α_1 和 α_3	α_3 和 α_4
表6-7	q50	0.000 0	0.000 0	0.000 0	0.000 0	0.000 0	0.000 0
	q75	0.000 0	0.000 0	0.000 0	0.000 0	0.000 0	0.000 0
	q95	0.000 0	0.000 0	0.000 0	0.000 0	0.000 0	0.465 5
表6-8	q05	0.000 0	0.000 0	0.000 0	0.000 0	0.746 9	0.000 0
	q25	0.000 0	0.000 0	0.000 0	0.000 0	0.000 0	0.000 0
	q50	0.000 0	0.000 0	0.000 0	0.000 0	0.000 0	0.000 0
	q75	0.000 0	0.000 0	0.000 0	0.000 0	0.000 0	0.000 0
	q95	0.000 0	0.000 0	0.000 0	0.002 2	0.000 6	0.150 5
表6-9	q05	0.000 0	0.000 0	0.000 0	0.000 0	0.917 2	0.000 0
	q25	0.000 0	0.000 0	0.000 0	0.000 0	0.000 0	0.000 0
	q50	0.000 0	0.000 0	0.000 0	0.000 0	0.000 0	0.000 0
	q75	0.000 0	0.000 0	0.000 0	0.000 0	0.000 0	0.000 0
	q95	0.000 0	0.000 0	0.000 0	0.468 1	0.003 3	0.035 9

注：q05、q25、q50、q75、q95 分别表示分位数为 0.05、0.25、0.50、0.75 和 0.95。本表针对表6-3～表6-8 中的各列回归结果系数进行差异性检验。

资料来源：笔者根据中国海关数据库与中国工业企业数据库的匹配数据，应用 Stata 软件计算整理而得。

结合表6-3～表6-9 可知，对于 33 个回归方程而言，出口产品质量对企业出口国内增加值率的影响均显著高于进口中间品关税水平、进口中间品产品质量、出口关税水平的影响。并且，对于绝大多数方程而言（除了表6-7 的 q95 和表6-8 的 q95 外），进口中间品关税水平的影响要显著高于出口关税水平的影响，这与本书理论分析中的双边贸易自由化将会使一般贸易型企业出口国内增加值率下降一致。

6.3　加工贸易型企业出口国内增加值影响因素分析

在本节分析中，解释变量将不包含进口中间品关税水平，并且根据

第 5 章的理论模型，企业出口产品质量、进口中间品产品质量前的系数均不显著。

6.3.1　加工贸易型企业基准模型回归结果分析

加工贸易型企业基准模型回归结果，如表 6 - 12 所示。

表 6 - 12　加工贸易型企业基准模型回归结果

变量	DVAR1		DVAR2		DVAR3	
q_1^{ex}	0.002 7 (0.264)	0.002 6 (0.298)	-0.001 2 (0.646)	-0.000 8 (0.776)	-0.000 4 (0.891)	0.000 3 (0.926)
q_1^{im}	-0.001 7 (0.531)	-0.002 0 (0.481)	-0.003 7 (0.222)	-0.003 9 (0.215)	-0.000 4 (0.891)	-0.001 1 (0.728)
d_ex	-0.011 0 *** (0.001)	-0.011 7 *** (0.001)	-0.008 2 ** (0.030)	-0.008 6 ** (0.026)	-0.008 7 ** (0.021)	-0.009 0 ** (0.018)
tfp	— —	0.073 7 *** (0.000)	— —	0.084 6 *** (0.000)	— —	0.100 2 *** (0.000)
hhi		0.053 6 * (0.055)		0.095 4 *** (0.002)		0.120 8 *** (0.000)
k_l	— —	0.006 9 *** (0.008)	— —	0.007 0 ** (0.018)	— —	0.007 7 *** (0.008)
时间固定效应	√	√	√	√	√	√
企业固定效应	√	√	√	√	√	√
F 值	119.96	92.57	165.43	122.37	130.22	103.66
样本数	24 115	23 077	21 827	20 935	21 827	20 935

注：括号中为 p 值。***、**、* 分别表示在 1%、5% 和 10% 的水平上显著，DVAR1、DVAR2、DVAR3 分别表示被解释变量。"—" 表示无，"√" 表示控制。

资料来源：笔者根据中国海关数据库与中国工业企业数据库的匹配数据，应用 Stata 软件计算整理而得。

从表 6 - 12 中可以看出，企业出口产品质量、进口中间品产品质量与加工贸易型企业出口国内增加值率间的关系并不显著，出口关税水平与企业出口国内增加值率呈负相关关系，这与理论模型中的结论一致。其中，出口关税水平每提升 1%，企业出口国内增加值率下降 0.008 2 ~

0.011 7。在控制变量上，企业生产率、HHI 指数、资本劳动比与企业出口国内增加值率均呈正相关关系，这与一般贸易型企业一致。企业生产率每提升 1%，企业出口国内增加值率提升 0.073 7 ~ 0.100 2；HHI 每提升 1，企业出口国内增加值率提升 0.053 6 ~ 0.120 8；资本劳动比每提升 1，企业出口国内增加值率提升 0.006 9 ~ 0.007 7。

6.3.2　稳健性检验

加工贸易型企业替代产品质量的稳健性检验结果，如表 6 - 13、表 6 - 14 所示。

表 6 - 13　　　加工贸易型企业替代产品质量的稳健性检验结果一

变量	DVAR1		DVAR2		DVAR3	
q_2^{ex}	0.000 0 (0.989)	0.000 4 (0.882)	- 0.003 6 (0.209)	- 0.002 7 (0.360)	- 0.002 5 (0.374)	- 0.001 3 (0.644)
q_2^{im}	0.001 4 (0.632)	0.001 5 (0.632)	- 0.003 0 (0.359)	- 0.002 8 (0.405)	- 0.000 8 (0.809)	- 0.000 9 (0.778)
d_ex	- 0.011 6 *** (0.001)	- 0.012 2 *** (0.000)	- 0.008 6 ** (0.023)	- 0.008 9 ** (0.021)	- 0.009 0 ** (0.016)	- 0.009 3 ** (0.014)
tfp	— —	0.073 3 *** (0.000)	— —	0.084 2 *** (0.000)	— —	0.100 0 *** (0.000)
hhi		0.052 7 * (0.059)		0.094 6 *** (0.003)		0.120 4 *** (0.000)
k_l	— —	0.006 9 *** (0.008)	— —	0.007 0 ** (0.017)	— —	0.007 7 *** (0.008)
时间固定效应	√	√	√	√	√	√
企业固定效应	√	√	√	√	√	√
F 值	119.82	92.47	165.54	122.37	130.33	103.68
样本数	24 115	23 077	21 827	20 935	21 827	20 935

　　注：括号中为 p 值。***、**、* 分别表示在 1%、5% 和 10% 的水平上显著，DVAR1、DVAR2、DVAR3 分别表示被解释变量。"—"表示无，"√"表示控制。

　　资料来源：笔者根据中国海关数据库与中国工业企业数据库的匹配数据，应用 Stata 软件计算整理而得。

表 6 – 14　　　　加工贸易型企业替代产品质量的稳健性检验结果二

变量	DVAR1		DVAR2		DVAR3	
q_3^{ex}	– 0.001 2	0.000 3	– 0.004 9	– 0.003 0	– 0.003 9	– 0.001 4
	(0.672)	(0.931)	(0.125)	(0.363)	(0.222)	(0.659)
q_3^{im}	0.002 3	0.003 0	0.002 9	0.003 8	0.004 1	0.005 0
	(0.484)	(0.363)	(0.419)	(0.298)	(0.247)	(0.171)
d_ ex	– 0.011 7 ***	– 0.012 3 ***	– 0.008 7 **	– 0.008 9 **	– 0.009 2 **	– 0.009 4 **
	(0.000)	(0.000)	(0.020)	(0.019)	(0.014)	(0.013)
tfp	—	0.073 4 ***	—	0.083 8 ***	—	0.099 9 ***
	—	(0.000)	—	(0.000)	—	(0.000)
hhi	—	0.052 8 *	—	0.094 0 ***	—	0.120 1 ***
	—	(0.058)	—	(0.003)	—	(0.000)
k_l	—	0.006 9 ***	—	0.007 1 **	—	0.007 7 ***
	—	(0.008)	—	(0.016)	—	(0.008)
时间固定效应	√	√	√	√	√	√
企业固定效应	√	√	√	√	√	√
F 值	119.86	92.52	165.52	122.36	130.51	103.82
样本数	241 15	23 077	21 827	20 935	21 827	20 935

注：括号中为 p 值。***、**、* 分别表示在 1%、5% 和 10% 的水平上显著。DVAR1、DVAR2、DVAR3 分别表示被解释变量。"—"表示无，"√"表示控制。

资料来源：笔者根据中国海关数据库与中国工业企业数据库的匹配数据，应用 Stata 软件计算整理而得。

表 6 – 13 和表 6 – 14 的稳健性检验结果与表 6 – 12 基本一致。出口关税水平每提升 1%，加工贸易型企业出口国内增加值率下降 0.008 6 ~ 0.012 2、0.008 7 ~ 0.012 3；在控制变量上，企业生产率每提升 1%，企业出口国内增加值率提升 0.073 3 ~ 0.100 0、0.073 4 ~ 0.099 9；HHI 每提升 1，企业出口国内增加值率提升 0.052 7 ~ 0.120 4、0.052 8 ~ 0.120 1；资本劳动比每提升 1，企业出口国内增加值率提升 0.006 9 ~ 0.007 7、0.006 9 ~ 0.007 7。

内生性检验的结果，如表 6 – 15 所示。从表 6 – 15 中可以看出，关于加工贸易型企业出口国内增加值率的相关结论同样没有发生较大变化。

表 6 – 15　　　加工贸易型企业二阶段最小二乘法（2SLS）的回归结果

变量	DVAR1		DVAR2		DVAR3	
q_3^{ex}	0.003 3	0.004 7	− 0.001 6	− 0.001 9	− 0.000 7	0.000 4
	(0.295)	(0.315)	(0.590)	(0.612)	(0.780)	(0.856)
q_3^{im}	− 0.003 3	− 0.002 5	− 0.005 1	− 0.005 4	− 0.000 5	− 0.001 4
	(0.307)	(0.338)	(0.180)	(0.175)	(0.597)	(0.491)
d_ex	− 0.021 9 ***	− 0.021 3 ***	− 0.015 7 **	− 0.015 6 **	− 0.016 0 **	− 0.017 7 **
	(0.001)	(0.002)	(0.037)	(0.032)	(0.027)	(0.024)
tfp	—	0.144 0 ***	—	0.149 2 ***	—	0.180 4 ***
	—	(0.000)	—	(0.000)	—	(0.000)
hhi	—	0.090 0 *	—	0.169 1 ***	—	0.201 6 ***
	—	(0.061)	—	(0.003)	—	(0.002)
k_l	—	0.009 3 **	—	0.008 0 **	—	0.009 9 **
	—	(0.011)	—	(0.024)	—	(0.011)
样本数	18 043	17 398	16 344	15 804	16 344	15 804

注：括号中为 p 值。***、**、* 分别表示在 1%、5% 和 10% 的水平上显著。DVAR1、DVAR2、DVAR3 分别表示被解释变量。"—" 表示无。

资料来源：笔者根据中国海关数据库与中国工业企业数据库的匹配数据，应用 Stata 软件计算整理而得。

在分位数回归上，由于进口中间品产品质量与出口产品质量对加工贸易型企业出口国内增加值率的影响并不显著，因此，本节加工贸易型企业分位数回归中的解释变量仅为出口关税水平，面板数据分位数回归的结果，如表 6 – 16 所示。

表 6 – 16　　　　　　　加工贸易型企业分位数回归结果

被解释变量	解释变量	q05	q25	q50	q75	q95
DVAR1	d_ex	− 0.003 0	− 0.008 2 ***	− 0.012 5 ***	− 0.016 6 ***	− 0.024 5 ***
		(0.196)	(0.000)	(0.000)	(0.000)	(0.000)
	tfp	0.068 8 ***	0.068 8 ***	0.073 4 ***	0.079 7 ***	0.076 5 ***
		(0.000)	(0.000)	(0.000)	(0.000)	(0.000)
	hhi	0.009 9	0.068 2 ***	0.054 0 ***	0.048 4 ***	0.029 2
		(0.839)	(0.000)	(0.000)	(0.001)	(0.380)
	k_l	0.005 3 **	0.007 4 ***	0.006 8 ***	0.006 0 ***	0.009 1 ***
		(0.022)	(0.000)	(0.000)	(0.000)	(0.000)
	Pseudo R^2	0.084 4	0.128 0	0.193 6	0.110 0	0.062 8

续表

被解释 变量	解释变量	q05	q25	q50	q75	q95
DVAR2	d_ex	0.002 6 (0.312)	−0.005 7 *** (0.000)	−0.008 8 *** (0.000)	−0.012 1 *** (0.000)	−0.017 1 *** (0.000)
	tfp	0.081 0 *** (0.000)	0.079 9 *** (0.000)	0.085 1 *** (0.000)	0.090 2 *** (0.000)	0.085 7 *** (0.000)
	hhi	0.056 3 (0.121)	0.116 3 *** (0.000)	0.095 6 *** (0.000)	0.093 8 *** (0.000)	0.060 0 * (0.088)
	k_l	0.008 2 *** (0.000)	0.007 5 *** (0.000)	0.007 4 *** (0.000)	0.006 5 *** (0.000)	0.008 4 *** (0.000)
	Pseudo R^2	0.111 0	0.167 8	0.237 2	0.139 2	0.072 5
DVAR3	d_ex	0.000 5 (0.811)	−0.006 1 *** (0.000)	−0.009 5 *** (0.000)	−0.013 0 *** (0.000)	−0.017 0 *** (0.000)
	tfp	0.094 4 *** (0.000)	0.096 1 *** (0.000)	0.101 0 *** (0.000)	0.107 5 *** (0.000)	0.102 4 *** (0.000)
	hhi	0.105 6 *** (0.006)	0.136 1 *** (0.000)	0.120 9 *** (0.000)	0.118 1 *** (0.000)	0.101 7 *** (0.000)
	k_l	0.008 2 *** (0.000)	0.007 5 *** (0.000)	0.007 4 *** (0.000)	0.006 5 *** (0.000)	0.008 4 *** (0.000)
	Pseudo R^2	0.112 2	0.163 5	0.234 3	0.140 8	0.069 6

　　注：括号中为 p 值。***、**、* 分别表示在 1%、5% 和 10% 的水平上显著。DVAR1、DVAR2、DVAR3 分别表示被解释变量。q05、q25、q50、q75、q95 分别表示分位数为 0.05、0.25、0.50、0.75 和 0.95。

　　资料来源：笔者根据中国海关数据库与中国工业企业数据库的匹配数据，应用 Stata 软件计算整理而得。

　　表 6 - 16 中分位数回归的结果基本上印证了基准模型的回归结果，除了出口国内增加值率最低的企业（q05）外，其他企业的出口国内增加值率随出口关税水平的下降而上升，并且其影响呈上升趋势。

　　不同出口国内增加值率下加工贸易型企业出口关税水平影响差异的检验结果，如表 6 - 17 所示。结合表 6 - 16 可知，对于出口国内增加值率最高的加工贸易型企业（q95）而言，出口关税水平对出口国内增加值率的影响显著高于其他加工贸易型企业（除被解释变量为 DVAR3 外）。出口关税每提升 1%，出口国内增加值率下降 0.017 0 ~ 0.024 5；对于出口国内增加值率较高的加工贸易型企业（q75）而言，出口关税水平对出口国内增加值率的影响显著高于分位数为 q05、q25、q50 的加工贸易型企业，出口关税每提升 1%，出口国内增加值率下降 0.012 1 ~ 0.016 6；对于出口国内增加值率处在中间水平（q50）的加工贸易型企业而言，出口关税水平对出口国内增加值率的影响显著高于分位数为 q05、q25 的加工贸易型企业，出口关税每提升 1%，出口国内增加值率下降 0.008 8 ~ 0.012 5；对于出口国内增加值率较低（q25）的加工贸易型企业而言，出口关税水平对出口国内增加值率的影响显著高于分位数为 q05 的加工贸易型企业，出口关税每提升 1%，出口国内增加值率下降 0.005 7 ~ 0.008 2；对于出口国内增加值率最低（q05）的加工贸易型企业而言，出口关税水平的影响并不显著。

表 6 – 17   不同出口国内增加值率下加工贸易型企业出口关税水平影响差异的检验结果

解释变量	被解释变量	q05：q25	q25：q50	q50：q75	q75：q95
d_ex	DVAR1	0.0052 * (0.075)	0.0043 *** (0.000)	0.0041 *** (0.000)	0.0079 *** (0.001)
	DVAR2	0.0031 *** (0.002)	0.0031 ** (0.024)	0.0033 *** (0.008)	0.0050 ** (0.053)
	DVAR3	0.0056 ** (0.011)	0.0033 *** (0.003)	0.0035 ** (0.012)	0.0041 (0.214)

注：括号中为 p 值。***、**、* 分别表示在 1%、5% 和 10% 的水平上显著。DVAR1、DVAR2、DVAR3 分别表示被解释变量。q05、q25、q50、q75、q95 分别表示分位数为 0.05、0.25、0.50、0.75 和 0.95。q05：q25 表示分位数为 0.05 与 0.25 之间相同影响因素差异的检验，原假设为 x [q05] = x [q25]，数值为 q25 前的系数绝对值与 q05 前的系数绝对值之差，以此类推。

资料来源：笔者根据中国海关数据库与中国工业企业数据库的匹配数据，应用 Stata 软件计算整理而得。

6.3.3   各因素影响差异分析

对于加工贸易型企业而言，企业出口产品质量、进口中间品关税水平、进口中间品产品质量对企业出口国内增加值率的影响并不显著。由于进口中间品关税水平并不会影响加工贸易型企业的出口国内增加值率，对于加工贸易型企业而言，双边贸易自由化将会使得其出口国内增加值率提升，这与本书的理论分析相一致。

6.4 混合贸易型企业出口国内增加值影响因素分析

在本节中，根据第 5 章的理论模型，将在一般贸易型企业的解释变量（企业出口产品质量、进口中间品关税水平、进口中间品产品质量、出口关税水平）的基础上，增加加工贸易占比这一变量。根据理论模型，企业出口产品质量、进口中间品关税水平、进口中间品产品质量、出口关税水平四个解释变量的系数与一般贸易型企业一致，而加工贸易占比这一变量前的系数将显著为负。

6.4.1 混合贸易型企业基准模型回归结果分析

混合贸易型企业基准模型回归结果，如表 6 - 18 所示。

表 6 - 18　　　　　混合贸易型企业基准模型回归结果

变量	DVAR1		DVAR2		DVAR3	
q_1^{ex}	0.025 5 *** (0.000)	0.023 8 *** (0.000)	0.024 6 *** (0.000)	0.022 5 *** (0.000)	0.025 6 *** (0.000)	0.023 2 *** (0.000)
q_1^{im}	− 0.013 9 *** (0.000)	− 0.015 2 *** (0.000)	− 0.019 1 *** (0.000)	− 0.020 8 *** (0.000)	− 0.017 5 *** (0.000)	− 0.019 4 *** (0.000)
d_ex	− 0.012 7 *** (0.000)	− 0.011 6 *** (0.000)	− 0.009 2 *** (0.000)	− 0.008 8 *** (0.001)	− 0.010 0 *** (0.000)	− 0.009 4 *** (0.000)
d_im	0.020 2 *** (0.000)	0.019 8 *** (0.000)	0.013 9 *** (0.000)	0.013 7 *** (0.000)	0.011 9 *** (0.000)	0.010 9 *** (0.001)
r^{PT}	− 0.035 2 *** (0.000)	− 0.035 7 *** (0.000)	− 0.035 1 *** (0.000)	− 0.035 0 *** (0.000)	− 0.033 6 *** (0.000)	− 0.033 4 *** (0.000)
tfp	— —	0.064 3 *** (0.000)	— —	0.078 7 *** (0.000)	— —	0.092 8 *** (0.000)
hhi	— —	0.060 2 *** (0.000)	— —	0.079 7 *** (0.000)	— —	0.099 1 *** (0.000)
k_l	— —	0.034 4 *** (0.000)	— —	0.045 5 *** (0.000)	— —	0.052 8 *** (0.000)

变量	DVAR1		DVAR2		DVAR3	
时间固定效应	√	√	√	√	√	√
企业固定效应	√	√	√	√	√	√
F 值	0.025 5	0.023 8	0.024 6	0.022 5	0.025 6	0.023 2
样本数	50 241	47 977	47 057	44 951	47 057	44 951

注：括号中为 p 值。***、**、* 分别表示在 1%、5% 和 10% 的水平上显著。DVAR1、DVAR2、DVAR3 分别表示被解释变量。"—"表示无，"√"表示控制。

资料来源：笔者根据中国海关数据库与中国工业企业数据库的匹配数据，应用 Stata 软件计算整理而得。

从表 6-18 中可以看出，企业出口产品质量、进口中间品关税水平与企业出口国内增加值率呈正相关关系，进口中间品产品质量、出口关税水平、加工贸易占比与企业出口国内增加值率呈负相关关系，这与理论模型中的结论一致。其中，出口产品质量每提升 1%，企业出口国内增加值率提升 0.022 5~0.025 6；进口中间品质量每提升 1%，企业出口国内增加值率下降 0.013 9~0.020 8；出口关税水平每提升 1%，企业出口国内增加值率下降 0.008 8~0.012 7；进口中间品关税水平每提升 1%，企业出口国内增加值率提升 0.010 9~0.020 2；加工贸易占比每提升 1%，企业出口国内增加值率下降 0.033 4~0.035 7。在控制变量上，混合贸易型企业与一般贸易型企业、加工贸易型企业相一致，企业生产率、HHI 指数、资本劳动比与企业出口国内增加值率均呈正相关关系。企业生产率每提升 1%，企业出口国内增加值率提升 0.064 3~0.092 8；HHI 指数每提升 1，企业出口国内增加值率提升 0.060 2~0.099 1；资本劳动比每提升 1，企业出口国内增加值率提升 0.034 4~0.052 8。

6.4.2　稳健性检验

混合贸易型企业替代产品质量的稳健性检验结果，如表 6-19、表 6-20 所示。

表 6 – 19　　　　混合贸易型企业替代产品质量的稳健性检验结果一

变量	DVAR1		DVAR2		DVAR3	
q_2^{ex}	0.017 8 *** （0.000）	0.016 7 *** （0.000）	0.018 8 *** （0.000）	0.017 6 *** （0.000）	0.019 7 *** （0.000）	0.018 2 *** （0.000）
q_2^{im}	− 0.011 3 *** （0.000）	− 0.012 6 *** （0.000）	− 0.015 6 *** （0.000）	− 0.017 2 *** （0.000）	− 0.014 4 *** （0.000）	− 0.016 1 *** （0.000）
d_ex	− 0.014 0 *** （0.000）	− 0.012 8 *** （0.000）	− 0.010 3 *** （0.000）	− 0.009 8 *** （0.000）	− 0.011 1 *** （0.000）	− 0.010 5 *** （0.000）
d_im	0.020 3 *** （0.000）	0.019 9 *** （0.000）	0.013 9 *** （0.000）	0.013 7 *** （0.000）	0.011 9 *** （0.000）	0.010 9 *** （0.000）
r^{PT}	− 0.036 0 *** （0.000）	− 0.036 4 *** （0.000）	− 0.036 0 *** （0.000）	− 0.035 8 *** （0.000）	− 0.034 4 *** （0.000）	− 0.034 2 *** （0.000）
tfp	— —	0.064 7 *** （0.000）	— —	0.078 1 *** （0.000）	— —	0.092 5 *** （0.000）
hhi	— —	0.059 7 *** （0.000）	— —	0.078 2 *** （0.000）	— —	0.097 9 *** （0.000）
k_l	— —	0.034 5 *** （0.000）	— —	0.045 1 *** （0.000）	— —	0.052 5 *** （0.000）
时间固定效应	√	√	√	√	√	√
企业固定效应	√	√	√	√	√	√
F 值	346.13	268.98	379.18	293.79	334.99	268.87
样本数	50 241	47 977	47 057	44 951	47 057	44 951

注：括号中为 p 值。***、**、* 分别表示在 1%、5% 和 10% 的水平上显著。DVAR1、DVAR2、DVAR3 分别表示被解释变量。"—"表示无，"√"表示控制。

资料来源：笔者根据中国海关数据库与中国工业企业数据库的匹配数据，应用 Stata 软件计算整理而得。

表 6 – 20　　　　混合贸易型企业替代产品质量的稳健性检验结果二

变量	DVAR1		DVAR2		DVAR3	
q_2^{ex}	0.016 7 *** （0.000）	0.016 6 *** （0.000）	0.018 8 *** （0.000）	0.018 7 *** （0.000）	0.019 5 *** （0.000）	0.019 3 *** （0.000）
q_2^{im}	− 0.011 8 *** （0.000）	− 0.012 8 *** （0.000）	− 0.013 8 *** （0.000）	− 0.015 0 *** （0.000）	− 0.013 2 *** （0.000）	− 0.014 5 *** （0.000）

续表

变量	DVAR1		DVAR2		DVAR3	
d_ex	$-0.014\,6^{***}$ (0.000)	$-0.013\,3^{***}$ (0.000)	$-0.010\,7^{***}$ (0.000)	$-0.010\,1^{***}$ (0.000)	$-0.011\,6^{***}$ (0.000)	$-0.010\,9^{***}$ (0.000)
d_im	$0.020\,2^{***}$ (0.000)	$0.019\,8^{***}$ (0.000)	$0.013\,9^{***}$ (0.000)	$0.013\,7^{***}$ (0.000)	$0.011\,9^{***}$ (0.000)	$0.010\,9^{***}$ (0.001)
r^{PT}	$-0.036\,4^{***}$ (0.000)	$-0.036\,8^{***}$ (0.000)	$-0.036\,6^{***}$ (0.000)	$-0.036\,5^{***}$ (0.000)	$-0.035\,0^{***}$ (0.000)	$-0.034\,8^{***}$ (0.000)
tfp	— —	$0.064\,2^{***}$ (0.000)	— —	$0.076\,7^{***}$ (0.000)	— —	$0.091\,3^{***}$ (0.000)
hhi	— —	$0.058\,7^{***}$ (0.001)	— —	$0.076\,3^{***}$ (0.000)	— —	$0.096\,3^{***}$ (0.000)
k_l	— —	$0.034\,2^{***}$ (0.000)	— —	$0.044\,3^{***}$ (0.000)	— —	$0.051\,9^{***}$ (0.000)
时间固定效应	√	√	√	√	√	√
企业固定效应	√	√	√	√	√	√
F 值	344.68	268.09	375.57	375.57	332.25	266.62
样本数	50 241	47 977	47 057	44 951	47 057	44 951

注：括号中为 p 值。***、**、* 分别表示在 1%、5% 和 10% 的水平上显著。DVAR1、DVAR2、DVAR3 分别表示被解释变量。"—"表示无，"√"表示控制。

资料来源：笔者根据中国海关数据库与中国工业企业数据库的匹配数据，应用 Stata 软件计算整理而得。

表 6-19 和表 6-20 的结果，与表 6-18 基本一致。企业出口产品质量每提升 1%，企业出口国内增加值率提升 0.016 7~0.019 7、0.016 6~0.019 5；进口中间品质量每提升 1%，企业出口国内增加值率下降 0.011 3~0.017 2、0.011 8~0.015 0；出口关税水平每提升 1%，企业出口国内增加值率下降 0.009 8~0.014 0、0.010 1~0.014 6；进口中间品关税水平每提升 1%，企业出口国内增加值率提升 0.010 9~0.020 3、0.010 9~0.020 2；加工贸易占比每提升 1%，企业出口国内增加值率下降 0.034 2~0.036 4、0.034 8~0.036 8。在控制变量上，企业生产率每提升 1%，企业出口国内增加值率提升 0.064 7~0.092 5、0.064 2~0.091 3；HHI 指数每提升 1，企业出口国内增加值率提升 0.059 7~0.092 5、0.058 7~

0.096 3；资本劳动比每提升 1%，企业出口国内增加值率提升 0.034 5 ~
0.052 5、0.034 2 ~ 0.051 9。

混合贸易型企业内生性检验的结果，如表 6 - 21 所示。表 6 - 21 的回
归结果显示，与一般贸易型企业、加工贸易型企业相同的是，混合贸易
型企业关于出口国内增加值率的相关结论没有发生较大变化。

表 6 - 21　　　混合贸易型企业二阶段最小二乘法（2SLS）回归结果

变量	DVAR1		DVAR2		DVAR3	
q_1^{ex}	0.033 2 *** (0.000)	0.024 8 *** (0.009)	0.046 9 *** (0.000)	0.050 7 *** (0.000)	0.047 7 *** (0.000)	0.046 1 *** (0.000)
q_1^{im}	− 0.012 6 *** (0.000)	− 0.019 2 *** (0.000)	− 0.026 8 *** (0.000)	− 0.026 2 *** (0.000)	− 0.022 3 *** (0.000)	− 0.021 7 *** (0.000)
d_ex	− 0.011 0 *** (0.000)	− 0.009 7 *** (0.000)	− 0.012 3 *** (0.000)	− 0.013 4 *** (0.000)	− 0.009 1 *** (0.000)	− 0.012 3 *** (0.000)
d_im	0.015 6 *** (0.000)	0.017 8 *** (0.000)	0.019 7 *** (0.000)	0.021 6 *** (0.000)	0.025 3 *** (0.000)	0.019 8 *** (0.000)
r^{PT}	− 0.032 3 *** (0.000)	− 0.031 2 *** (0.000)	− 0.029 6 *** (0.000)	− 0.038 1 *** (0.000)	− 0.036 1 *** (0.000)	− 0.031 2 *** (0.000)
tfp	—	0.068 7 *** (0.000)	—	0.072 3 *** (0.000)	—	0.102 4 *** (0.000)
hhi	—	0.065 4 *** (0.000)	—	0.075 3 *** (0.000)	—	0.095 1 *** (0.000)
k_l	—	0.073 1 *** —	—	0.077 6 *** (0.000)	—	0.083 7 *** (0.000)
样本数	28 936	27 866	27 251	26 260	27 251	26 260

注：括号中为 p 值。***、**、* 分别表示在 1%、5% 和 10% 的水平上显著。DVAR1、
DVAR2、DVAR3 分别表示被解释变量。"—"表示无。

资料来源：笔者根据中国海关数据库与中国工业企业数据库的匹配数据，应用 Stata 软件计
算整理而得。

混合贸易型企业分位数回归结果，如表 6 - 22 ~ 表 6 - 24 所示。

表 6 - 22　　混合贸易型企业分位数回归结果（被解释变量为 DVAR1）

变量	q05	q25	q50	q75	q95
q_1^{ex}	0.035 6 *** (0.000)	0.024 7 *** (0.000)	0.023 8 *** (0.000)	0.020 9 *** (0.000)	0.013 9 *** (0.000)
q_1^{im}	− 0.019 1 *** (0.000)	− 0.018 2 *** (0.000)	− 0.015 2 *** (0.000)	− 0.012 1 *** (0.000)	− 0.010 9 *** (0.000)

续表

变量	q05	q25	q50	q75	q95
d_ex	-0.011 3 ***	-0.010 0 ***	-0.011 6 ***	-0.011 8 ***	-0.014 2 ***
	(0.000)	(0.000)	(0.000)	(0.000)	(0.000)
d_im	0.032 8 ***	0.019 0 ***	0.019 8 ***	0.016 5 ***	0.014 3 ***
	(0.000)	(0.000)	(0.000)	(0.000)	(0.000)
r^{PT}	-0.051 2 ***	-0.038 5 ***	-0.035 7 ***	-0.028 7 ***	-0.012 7 ***
	(0.000)	(0.000)	(0.000)	(0.000)	(0.000)
tfp	0.070 1 ***	0.057 5 ***	0.064 3 ***	0.064 2 ***	0.064 4 ***
	(0.000)	(0.000)	(0.000)	(0.000)	(0.000)
hhi	0.095 9 **	0.048 6 ***	0.060 2 ***	0.053 4 ***	0.025 5
	(0.012)	(0.000)	(0.000)	(0.000)	(0.113)
k_l	0.030 4 ***	0.028 0 ***	0.034 4 ***	0.036 2 ***	0.041 2 ***
	(0.000)	(0.000)	(0.000)	(0.000)	(0.000)
Pseudo R^2	0.194 9	0.251 8	0.281 9	0.202 1	0.078 4

注：括号中为 p 值。***、**、* 分别表示在 1%、5% 和 10% 的水平上显著。q05、q25、q50、q75、q95 分别表示分位数为 0.05、0.25、0.50、0.75 和 0.95。

资料来源：笔者根据中国海关数据库与中国工业企业数据库的匹配数据，应用 Stata 软件计算整理而得。

表 6-23　混合贸易型企业分位数回归结果（被解释变量为 DVAR2）

变量	q05	q25	q50	q75	q95
q_1^{ex}	0.033 0 ***	0.023 4 ***	0.022 5 ***	0.020 8 ***	0.014 3 ***
	(0.000)	(0.000)	(0.000)	(0.000)	(0.000)
q_1^{im}	-0.028 1 ***	-0.023 3 ***	-0.020 8 ***	-0.017 4 ***	-0.016 2 ***
	(0.000)	(0.000)	(0.000)	(0.000)	(0.000)
d_ex	-0.008 3 ***	-0.007 7 ***	-0.008 8 ***	-0.008 4 ***	-0.010 2 ***
	(0.000)	(0.000)	(0.000)	(0.000)	(0.000)
d_im	0.024 6 ***	0.013 9 ***	0.013 7 ***	0.011 8 ***	0.008 9 ***
	(0.000)	(0.000)	(0.000)	(0.000)	(0.002)
r^{PT}	-0.050 0 ***	-0.038 7 ***	-0.035 0 ***	-0.028 1 ***	-0.011 3 ***
	(0.000)	(0.000)	(0.000)	(0.000)	(0.000)
tfp	0.097 4 ***	0.071 9 ***	0.078 7 ***	0.075 2 ***	0.070 7 ***
	(0.000)	(0.000)	(0.000)	(0.000)	(0.000)
hhi	0.126 8 ***	0.064 7 ***	0.079 7 ***	0.068 8 ***	0.033 5
	(0.000)	(0.000)	(0.000)	(0.000)	(0.155)

续表

变量	q05	q25	q50	q75	q95
k_l	0.050 6 *** (0.000)	0.038 9 *** (0.000)	0.045 5 *** (0.000)	0.044 8 *** (0.000)	0.046 6 *** (0.000)
Pseudo R^2	0.206 9	0.260 4	0.286 6	0.200 7	0.083 9

注：括号中为 p 值。***、**、* 分别表示在 1%、5% 和 10% 的水平上显著。q05、q25、q50、q75、q95 分别表示分位数为 0.05、0.25、0.50、0.75 和 0.95。

资料来源：笔者根据中国海关数据库与中国工业企业数据库的匹配数据，应用 Stata 软件计算整理而得。

表 6 - 24   混合贸易型企业分位数回归结果 （被解释变量为 DVAR3）

	q05	q25	q50	q75	q95
q_1^{ex}	0.032 9 *** (0.000)	0.023 8 *** (0.000)	0.023 2 *** (0.000)	0.021 4 *** (0.000)	0.013 5 *** (0.000)
q_1^{im}	- 0.025 1 *** (0.000)	- 0.022 1 *** (0.000)	- 0.019 4 *** (0.000)	- 0.016 5 *** (0.000)	- 0.016 6 *** (0.000)
d_ex	- 0.009 1 *** (0.000)	- 0.008 7 *** (0.000)	- 0.009 4 *** (0.000)	- 0.009 2 *** (0.000)	- 0.012 2 *** (0.000)
d_im	0.017 7 *** (0.000)	0.011 5 *** (0.000)	0.010 9 *** (0.000)	0.009 9 *** (0.000)	0.008 4 *** (0.000)
r^{PT}	- 0.048 9 *** (0.000)	- 0.037 5 *** (0.000)	- 0.033 4 *** (0.000)	- 0.026 7 *** (0.000)	- 0.011 3 *** (0.000)
tfp	0.097 9 *** (0.000)	0.084 7 *** (0.000)	0.092 8 *** (0.000)	0.095 8 *** (0.000)	0.095 1 *** (0.000)
hhi	0.114 7 *** (0.000)	0.083 8 *** (0.000)	0.099 1 *** (0.000)	0.100 2 *** (0.000)	0.058 1 *** (0.000)
k_l	0.049 5 *** (0.000)	0.046 0 *** (0.000)	0.052 8 *** (0.000)	0.056 4 *** (0.000)	0.062 0 *** (0.000)
Pseudo R^2	0.193 9	0.248 4	0.281 9	0.195 2	0.084 4

注：括号中为 p 值。***、**、* 分别表示在 1%、5% 和 10% 的水平上显著。q05、q25、q50、q75、q95 分别表示分位数为 0.05、0.25、0.50、0.75 和 0.95。

资料来源：笔者根据中国海关数据库与中国工业企业数据库的匹配数据，应用 Stata 软件计算整理而得。

分位数回归的结果与基准回归的结果相一致，并且，随着企业出口国内增加值率的提升，出口产品质量、进口中间品产品质量、进口中间品关税水平和加工贸易比例的影响在不断下降，出口关税水平的影响在逐渐提升。

不同出口国内增加值率下混合贸易型企业各因素影响差异的检验结果，如表 6 – 25 所示。

表 6 – 25 　　　　　　　不同出口国内增加值率下混合贸易型企业
各因素影响差异的检验结果

分位数	被解释变量	q_1^{ex}	q_1^{im}	t_ ex	t_ im	r^{PT}
q05：q25	DVAR1	– 0.010 9 *** (0.000)	– 0.001 0 (0.563)	– 0.001 3 (0.537)	– 0.013 8 *** (0.000)	– 0.012 8 *** (0.000)
	DVAR2	– 0.009 5 *** (0.000)	– 0.004 8 *** (0.000)	– 0.000 5 (0.828)	– 0.010 7 *** (0.003)	– 0.011 3 *** (0.000)
	DVAR3	– 0.009 2 *** (0.000)	– 0.003 0 * (0.090)	– 0.000 4 (0.835)	– 0.006 2 (0.121)	– 0.011 4 *** (0.000)
q25：q50	DVAR1	– 0.000 9 (0.181)	– 0.002 9 *** (0.000)	0.001 6 ** (0.015)	0.000 9 (0.391)	– 0.002 8 *** (0.000)
	DVAR2	– 0.001 0 (0.151)	– 0.002 5 *** (0.000)	0.001 1 (0.154)	– 0.000 2 (0.904)	– 0.003 7 *** (0.000)
	DVAR3	– 0.000 6 (0.529)	– 0.002 7 *** (0.000)	0.000 8 (0.326)	– 0.000 6 (0.574)	– 0.004 1 *** (0.000)
q50：q75	DVAR1	– 0.002 8 *** (0.000)	– 0.003 2 *** (0.000)	0.000 3 (0.578)	– 0.003 3 *** (0.000)	– 0.006 9 *** (0.000)
	DVAR2	– 0.001 7 ** (0.010)	– 0.003 4 *** (0.000)	– 0.000 4 (0.555)	– 0.001 8 ** (0.049)	– 0.006 9 *** (0.000)
	DVAR3	– 0.001 8 * (0.057)	– 0.002 9 *** (0.000)	– 0.000 3 (0.630)	– 0.001 0 (0.327)	– 0.006 7 *** (0.000)
q75：q95	DVAR1	– 0.007 0 *** (0.000)	– 0.001 2 (0.434)	0.002 4 * (0.075)	– 0.002 2 (0.479)	– 0.016 0 *** (0.000)
	DVAR2	– 0.006 5 *** (0.000)	– 0.001 2 (0.398)	0.001 8 (0.280)	– 0.002 9 (0.353)	– 0.016 9 *** (0.000)
	DVAR3	– 0.007 8 *** (0.000)	0.000 1 (0.908)	0.003 1 ** (0.048)	– 0.001 5 (0.504)	– 0.015 4 *** (0.000)

注：括号中为 p 值，***、**、* 分别表示在 1%、5% 和 10% 的水平上显著。q05、q25、q50、q75、q95 分别表示分位数为 0.05、0.25、0.50、0.75 和 0.95。q05：q25 表示分位数为 0.05 与 0.25 之间相同影响因素差异的检验，原假设为 x[q05] = x[q25]，数值为 q25 前的系数绝对值与 q05 前的系数绝对值之差，以此类推。

资料来源：笔者根据中国海关数据库与中国工业企业数据库的匹配数据，应用 Stata 软件计算整理而得。

　　结合表 6 - 21 ~ 表 6 - 23 可知，对于不同分位数的混合贸易型企业而言，总体上出口关税水平与进口中间品关税对企业出口国内增加值率的影响并不存在显著性差异。

　　对于分位数为 q95 的混合贸易型企业而言，出口产品质量和加工贸易占比对出口国内增加值率的影响显著低于其他企业；进口中间品产品质量与分位数为 q75 的混合贸易型企业不存在显著性差异，但显著低于分位数为 q50、q25、q05 的混合贸易型企业；出口产品质量每提升 1%，出口国内增加值率提升 0.013 5 ~ 0.014 3；进口中间品产品质量每提升 1%，出口国内增加值率下降 0.010 9 ~ 0.016 6；出口关税水平每提升 1%，出口国内增加值率下降 0.010 2 ~ 0.014 2；进口中间品关税水平每提升 1%，出口国内增加值率提升 0.008 9 ~ 0.014 3；加工贸易占比每提升 1%，出口国内增加值率下降 0.011 3 ~ 0.012 7。

　　对于分位数为 q75 的混合贸易型企业而言，出口产品质量、进口中间品产品质量和加工贸易占比对出口国内增加值率的影响显著低于分位数为 q50、q25、q05 的混合贸易型企业；出口产品质量每提升 1%，出口国内增加值率提升 0.020 8 ~ 0.021 4；进口中间品产品质量每提升 1%，出口国内增加值率下降 0.012 1 ~ 0.017 4；出口关税水平每提升 1%，出口国内增加值率下降 0.008 4 ~ 0.011 8；进口中间品关税水平每提升 1%，出口国内增加值率提升 0.009 9 ~ 0.016 5；加工贸易占比每提升 1%，出口国内增加值率下降 0.026 7 ~ 0.028 7。

　　对于分位数为 q50 的混合贸易型企业而言，进口中间品产品质量和加工贸易占比对出口国内增加值率的影响显著低于分位数为 q25、q05 的混合贸易型企业；出口产品质量与分位数为 q25 的混合贸易型企业不存在显著性差异，但显著低于分位数为 q05 的混合贸易型企业；出口产品质量每提升 1%，出口国内增加值率提升 0.022 5 ~ 0.023 8；进口中间品产品质量每提升 1%，出口国内增加值率下降 0.015 2 ~ 0.020 8；出口关税水平每提升 1%，出口国内增加值率下降 0.008 8 ~ 0.011 6；进口中间品关税水平每提升 1%，出口国内增加值率提升 0.010 9 ~ 0.019 8；加工贸易占比每提升1%，出口国内增加值率下降0.033 4~0.035 7。

对于分位数为q25的混合贸易型企业而言，出口产品质量、进口中间品产品质量和加工贸易占比对出口国内增加值率的影响显著低于分位数为q05的混合贸易型企业；出口产品质量每提升1%，出口国内增加值率提升0.023 4~0.024 7；进口中间品产品质量每提升1%，出口国内增加值率下降0.018 2~0.023 3；出口关税水平每提升1%，出口国内增加值率下降0.007 7~0.010 0；进口中间品关税水平每提升1%，出口国内增加值率提升0.011 5~0.019 0；加工贸易占比每提升1%，出口国内增加值率下降0.037 5~0.038 7。

对于分位数为q05的混合贸易型企业而言，出口产品质量每提升1%，出口国内增加值率提升0.032 9~0.035 6；进口中间品产品质量每提升1%，出口国内增加值率下降0.019 1~0.028 1；出口关税水平每提升1%，出口国内增加值率下降0.008 3~0.011 3；进口中间品关税水平每提升1%，出口国内增加值率提升0.017 7~0.032 8；加工贸易占比每提升1%，出口国内增加值率下降0.048 9~0.051 2。

6.4.3　各因素影响差异分析

本节将对上述33个回归方程中企业出口产品质量的系数α_1、进口中间品关税水平的系数α_2、进口中间品产品质量的系数α_3、出口关税水平的系数α_4、加工贸易占比的系数α_5绝对值之间的大小进行检验，共计330次检验，限于篇幅，具体的检验结果将在附录中汇报。

从检验结果上看，除了分位数为q95的混合贸易型企业外，在其他回归方程中，加工贸易占比对企业出口国内增加值率的影响均显著高于出口产品质量、进口中间品关税水平、进口中间品产品质量、出口关税水平的影响。与一般贸易型企业和加工贸易型企业的不同之处在于，双边贸易自由化对混合贸易型企业出口国内增加值率的影响并不明确，进口中间品关税水平与出口关税水平的影响并不存在显著差异。

6.5 影响因素的企业异质性研究

本节以同一影响因素对不同类型企业出口国内增加值率的影响差异性为主要分析对象，对出口产品质量、进口中间品关税水平、进口中间品产品质量、出口关税水平、企业生产率、竞争程度、资本劳动比七大影响因素在不同类型企业间是否存在显著性差异进行检验。在具体实施过程中，主要对任意两类企业间相同影响因素的差异显著性进行检验。

6.5.1 一般贸易型企业与加工贸易型企业

本节中的样本为所有一般贸易型企业与加工贸易型企业，具体检验方程为：

$$\mathrm{dvar_{ft}} = c + \alpha_1 q_{ft}^{im} + \alpha_2 q_{ft}^{ex} + \alpha_3 d\_im_{ft} + \alpha_4 d\_ex_{ft} + \alpha_6 tfp_{ft} + \alpha_7 hhi_{ft} + \alpha_8 k\_l_{ft}$$
$$+ \beta_4 D \times d\_ex_{ft} + \beta_5 D \times tfp_{ft} + \beta_6 D \times hhi_{ft} + \beta_7 D \times k\_l_{ft} + \delta_f + \delta_t + \varepsilon_{ft}$$

$$(6-6)$$

在式（6-6）中，D 为刻画企业类型的虚拟变量，D = 1 表示一般贸易型企业，D = 0 表示加工贸易型企业。

对于上述方程而言，若 β_4 显著为正，则意味着出口关税水平对一般贸易型企业出口国内增加值率的影响显著低于加工贸易型企业；若 β_4 显著为负，则意味着出口关税水平对一般贸易型企业出口国内增加值率的影响显著高于加工贸易型企业；若 β_4 不显著，则意味着出口关税水平对一般贸易型企业出口国内增加值率与加工贸易型企业出口国内增加值率的影响不存在显著差异。对于 β_5、β_6、β_7 而言，若该系数显著为正，则意味着企业生产率、竞争程度、资本劳动比对一般贸易型企业出口国内增加值率的影响显著高于加工贸易型企业；若该系数显著为负，则意味着企业生产率、竞争程度、资本劳动比对一般贸易型企业出口国内增加值率的影响显著低于加工贸易型企业；若不显著，则意味着企业生产率、竞争程度、资本劳动比对一般贸易型企业出口国内增加值率与加工贸易型企业出口国内增加值率的影响不存在显著差异。具体检验结果如表 6 – 26 所示。

表 6 – 26　　一般贸易型企业与加工贸易型企业影响因素的差异分析

σ	被解释变量	β_4	β_5	β_6	β_7
σ = 4	DVAR1	– 0.012 0 *** (0.002)	– 0.080 5 *** (0.000)	0.009 1 (0.766)	0.007 7 (0.356)
	DVAR2	– 0.015 9 *** (0.001)	– 0.097 8 *** (0.000)	– 0.018 9 (0.599)	– 0.001 6 (0.873)
	DVAR3	– 0.008 5 * (0.086)	– 0.084 1 *** (0.000)	– 0.002 8 (0.940)	0.020 6 ** (0.045)
σ = 5	DVAR1	– 0.012 6 *** (0.001)	– 0.077 1 *** (0.000)	0.009 9 (0.748)	0.010 8 (0.197)
	DVAR2	– 0.016 5 *** (0.000)	– 0.094 9 *** (0.000)	– 0.016 6 (0.646)	0.000 9 (0.926)
	DVAR3	– 0.009 1 * (0.068)	– 0.081 4 *** (0.000)	– 0.000 7 (0.986)	0.023 1 ** (0.025)
σ = 10	DVAR1	– 0.012 7 *** (0.001)	– 0.077 4 *** (0.000)	0.008 0 (0.796)	0.011 0 (0.193)
	DVAR2	– 0.016 6 *** (0.000)	– 0.095 3 *** (0.000)	– 0.017 4 (0.631)	0.001 0 (0.922)
	DVAR3	– 0.009 2 * (0.065)	– 0.081 6 *** (0.000)	– 0.001 5 (0.969)	0.023 5 ** (0.025)

注：括号中为 p 值。***、**、* 分别表示在 1%、5% 和 10% 的水平上显著。
资料来源：笔者根据中国海关数据库与中国工业企业数据库的匹配数据，应用 Stata 软件计算整理而得。

从表 6 – 26 可以看出，出口关税水平对一般贸易型企业出口国内增加值率的影响，显著高于加工贸易型企业。企业生产率对一般贸易型企业出口国内增加值率的影响，显著低于加工贸易型企业。竞争程度对一般贸易型企业出口国内增加值率与加工贸易型企业出口国内增加值率的影响不存在显著差异。资本劳动比的影响差异性取决于出口国内增加值率的衡量方式，对于 DVAR1 与 DVAR2 而言，资本劳动比对一般贸易型企业出口国内增加值率与加工贸易型企业出口国内增加值率的影响不存在显著差异；对于 DVAR3 而言，资本劳动比对一般贸易型企业出口国内增加值率的影响，显著高于加工贸易型企业。

6.5.2　一般贸易型企业与混合贸易型企业

本节中的样本为所有一般贸易型企业与混合贸易型企业，具体检验方程为：

$$\begin{aligned}
\mathrm{dvar}_{ft} = {} & c + \alpha_1 q_{ft}^{im} + \alpha_2 q_{ft}^{ex} + \alpha_3 d\_im_{ft} + \alpha_4 d\_ex_{ft} + \alpha_5 r_{ft}^{PT} + \alpha_6 tfp_{ft} + \alpha_7 hhi_{ft} \\
& + \alpha_8 k\_l_{ft} + \beta_1 D \times q_{ft}^{im} + \beta_2 D \times q_{ft}^{ex} + \beta_3 D \times d\_im_{ft} + \beta_4 D \times d\_ex_{ft} \\
& + \beta_5 D \times tfp_{ft} + \beta_6 D \times hhi_{ft} + \beta_7 D \times k\_l_{ft} + \delta_f + \delta_t + \varepsilon_{ft}
\end{aligned}$$

$$(6-7)$$

在式（6-7）中，D=1 表示一般贸易型企业，D=0 表示混合贸易型企业。

对于 β_1、β_4 而言，若该系数显著为正，则意味着进口中间品产品质量、出口关税水平对一般贸易型企业出口国内增加值率的影响显著低于混合贸易型企业；若 β_1、β_4 的系数显著为负，则意味着进口中间品产品质量、出口关税水平对一般贸易型企业出口国内增加值率的影响显著高于混合贸易型企业；若 β_1、β_4 的系数不显著，则意味着进口中间品产品质量、出口关税水平对一般贸易型企业出口国内增加值率与混合贸易型企业出口国内增加值率的影响不存在显著差异。对于 β_2、β_3、β_5、β_6、β_7 而言，若该系数显著为正，则意味着出口产品质量、进口中间品关税水平、企业生产率、竞争程度、资本劳动比对一般贸易型企业出口国内增加值率的影响显著高于混合贸易型企业；若该系数显著为负，则意味着出口产品质量、进口中间品关税水平、企业生产率、竞争程度、资本劳动比对一般贸易型企业出口国内增加值率的影响显著低于混合贸易型企业；若该系数不显著，则意味着出口产品质量、进口中间品关税水平、企业生产率、竞争程度、资本劳动比对一般贸易型企业出口国内增加值率与混合贸易型企业出口国内增加值率的影响不存在显著差异。具体检验结果，如表 6 - 27 所示。

表 6 - 27　　一般贸易型企业与混合贸易型企业影响因素的差异分析

被解释变量	β_1	β_2	β_3	β_4	β_5	β_6	β_7
DVAR1 $\sigma=4$	0.001 8 (0.337)	- 0.004 9 *** (0.000)	0.000 1 (0.981)	0.008 1 *** (0.005)	- 0.029 2 *** (0.000)	0.054 3 *** (0.006)	0.005 3 (0.332)
DVAR2 $\sigma=4$	0.005 1 ** (0.020)	- 0.003 3 ** (0.026)	- 0.001 5 (0.591)	0.016 3 (0.000)	- 0.031 6 *** (0.000)	0.052 9 ** (0.021)	0.004 2 (0.513)
DVAR3 $\sigma=4$	0.004 9 ** (0.033)	- 0.003 6 ** (0.022)	0.001 3 (0.645)	0.022 4 (0.000)	- 0.028 7 *** (0.000)	0.057 6 ** (0.017)	0.012 4 * (0.067)
DVAR1 $\sigma=5$	0.012 3 *** (0.000)	- 0.006 6 *** (0.000)	0.001 7 (0.473)	0.009 7 (0.001)	- 0.023 2 *** (0.004)	0.057 4 *** (0.004)	0.010 4 * (0.060)
DVAR2 $\sigma=5$	0.014 5 *** (0.000)	- 0.005 4 *** (0.001)	0.000 0 (0.991)	0.017 8 (0.001)	- 0.024 8 *** (0.001)	0.056 4 ** (0.014)	0.009 6 (0.136)
DVAR3 $\sigma=5$	0.014 5 *** (0.000)	- 0.005 5 *** (0.001)	0.002 8 (0.339)	0.023 8 (0.000)	- 0.022 0 *** (0.004)	0.061 0 ** (0.012)	0.017 8 *** (0.009)
DVAR1 $\sigma=10$	0.016 8 *** (0.000)	- 0.006 9 *** (0.000)	0.002 3 (0.337)	0.010 7 (0.001)	- 0.020 2 *** (0.001)	0.051 4 ** (0.010)	0.012 1 ** (0.030)
DVAR2 $\sigma=10$	0.018 4 *** (0.000)	- 0.006 7 *** (0.000)	0.000 3 (0.922)	0.018 4 (0.000)	- 0.021 3 *** (0.004)	0.049 0 ** (0.033)	0.011 4 * (0.081)
DVAR3 $\sigma=10$	0.018 8 *** (0.000)	- 0.006 2 *** (0.001)	0.003 2 (0.282)	0.024 4 (0.000)	- 0.018 1 ** (0.020)	0.054 1 ** (0.025)	0.020 1 *** (0.003)

注：括号中为 p 值。***、**、* 分别表示在 1%、5% 和 10% 的水平上显著。

资料来源：笔者根据中国海关数据库与中国工业企业数据库的匹配数据，应用 Stata 软件计算整理而得。

从表 6 - 27 可以看出，竞争程度对一般贸易型企业出口国内增加值率的影响显著高于混合贸易型企业，进口中间品产品质量、出口产品质量、出口关税水平、企业生产率对一般贸易型企业出口国内增加值率的影响显著低于混合贸易型企业，进口中间品关税水平对一般贸易型企业出口国内增加值率与混合贸易型企业出口国内增加值率的影响不存在显著差异，而资本劳动比的影响差异性并不明确。

6.5.3　加工贸易型企业与混合贸易型企业

本节中的样本为所有加工贸易型企业与混合贸易型企业，具体检验方程为：

$$dvar_{ft} = c + \alpha_1 q_{ft}^{im} + \alpha_2 q_{ft}^{ex} + \alpha_3 d\_im_{ft} + \alpha_4 d\_ex_{ft} + \alpha_5 r_{ft}^{PT} + \alpha_6 tfp_{ft} + \alpha_7 hhi_{ft}$$
$$+ \alpha_8 k\_l_{ft} + \beta_4 D \times d\_ex_{ft} + \beta_5 D \times tfp_{ft} + \beta_6 D \times hhi_{ft} + \beta_7 D \times k\_l_{ft}$$
$$+ \delta_f + \delta_t + \varepsilon_{ft}$$

$$(6-8)$$

在式（6-8）中，D = 1 表示加工贸易型企业，D = 0 表示混合贸易型企业，交互项系数的解释与 6.5.1 小节中完全一致，具体检验结果如表 6-28 所示。

表 6-28　加工贸易型企业影响因素与混合贸易型企业影响因素的差异分析

σ	被解释变量	β_4	β_5	β_6	β_7
$\sigma = 4$	DVAR1	0.010 8 *** (0.000)	0.007 2 (0.298)	-0.024 9 (0.333)	-0.036 2 *** (0.000)
	DVAR2	0.009 5 *** (0.001)	0.017 4 ** (0.027)	0.003 0 (0.916)	-0.042 9 *** (0.000)
	DVAR3	0.009 2 *** (0.002)	0.014 1 * (0.076)	-0.008 0 (0.785)	-0.051 1 *** (0.000)
$\sigma = 5$	DVAR1	0.010 7 *** (0.000)	0.007 3 (0.295)	-0.027 6 (0.285)	-0.036 0 *** (0.000)
	DVAR2	0.009 5 *** (0.001)	0.017 9 ** (0.023)	0.001 3 (0.963)	-0.042 3 *** (0.000)
	DVAR3	0.009 2 *** (0.002)	0.014 5 * (0.070)	-0.009 6 (0.743)	-0.050 7 *** (0.000)
$\sigma = 10$	DVAR1	0.010 7 *** (0.000)	0.007 9 (0.257)	-0.028 4 (0.270)	-0.035 9 *** (0.000)
	DVAR2	0.009 2 *** (0.002)	0.019 5 ** (0.013)	-0.000 7 (0.980)	-0.041 4 *** (0.000)
	DVAR3	0.009 0 *** (0.002)	0.015 9 ** (0.046)	-0.011 4 (0.697)	-0.050 0 *** (0.000)

注：括号中为 p 值。***、**、* 分别表示在 1%、5% 和 10% 的水平上显著。

资料来源：笔者根据中国海关数据库与中国工业企业数据库的匹配数据，应用 Stata 软件计算整理而得。

从表 6-28 可以看出，出口关税水平、资本劳动比对加工贸易型企业出口国内增加值率的影响显著低于混合贸易型企业，竞争程度对加工贸易型企业与混合贸易型企业出口国内增加值率的影响不存在显著差异，而企业生产率的影响差异性取决于出口国内增加值率的衡量方式。对于 DVAR1 而言，企业生产率对加工贸易型企业出口国内增加值率与混合贸易型企业出口国内增加值率的影响不存在显著差异，对于 DVAR2 和 DVAR3 而言，企业生产率对加工贸易型企业出口国内增加值率的影响，显著高于混合贸易型企业。

6.6　本章小结

本章利用微观企业层面数据对第 5 章模型中所阐述的中国微观企业出口国内增加值提升机制进行验证，得出以下 8 个结论。

（1）对于一般贸易型企业而言，企业出口产品质量、进口中间品关税水平与企业出口国内增加值率呈正相关关系，进口中间品产品质量、出口关税水平与企业出口国内增加值率呈负相关关系。其中，出口产品质量每提升 1%，企业出口国内增加值率提升 0.038 0 ~ 0.045 2；进口中间品质量每提升 1%，企业出口国内增加值率下降 0.024 9 ~ 0.027 5；出口关税水平每提升 1%，企业出口国内增加值率下降 0.006 5 ~ 0.011 9；进口中间品关税水平每提升 1%，企业出口国内增加值率提升 0.013 5 ~ 0.023 3。

（2）对于加工贸易型企业而言，企业出口产品质量、进口中间品产品质量与加工贸易型企业出口国内增加值率间的关系并不显著，出口关税水平与企业出口国内增加值率呈负相关关系。其中，出口关税水平每提升 1%，企业出口国内增加值率下降 0.008 2 ~ 0.011 7。

（3）对于混合贸易型企业而言，企业出口产品质量、进口中间品关税水平与企业出口国内增加值率呈正相关关系，进口中间品产品质量、出口关税水平、加工贸易占比与企业出口国内增加值率呈负相关关系。其中，出口产品质量每提升 1%，企业出口国内增加值率提升 0.022 5 ~ 0.025 6；

进口中间品质量每提升 1%，企业出口国内增加值率下降 0.013 9 ~ 0.020 8；出口关税水平每提升 1%，企业出口国内增加值率下降 0.008 8 ~ 0.012 7；进口中间品关税水平每提升 1%，企业出口国内增加值率提升 0.010 9 ~ 0.020 2；加工贸易占比每提升 1%，企业出口国内增加值率下降 0.033 4 ~ 0.035 7。

（4）对于不同类型的企业而言，出口国内增加值率的核心因素存在一定差异。对于一般贸易型企业而言，出口产品质量对出口国内增加值率的影响，均显著高于进口中间品关税水平、进口中间品产品质量、出口关税水平的影响。对于加工贸易型企业而言，出口关税水平的影响，显著高于出口产品质量、进口中间品产品质量。对于混合贸易型企业而言，加工贸易占比对出口国内增加值率的影响，均显著高于出口产品质量、进口中间品关税水平、进口中间品产品质量、出口关税水平的影响。

（5）双边贸易自由化对于不同类型企业的影响不尽相同。对于绝大多数一般贸易型企业而言（除了出口国内增加值率非常高的一般贸易型企业外），进口中间品关税水平的影响要显著高于出口关税水平的影响；对于加工贸易型企业而言，出口关税水平的影响要显著高于进口中间品关税水平的影响；对于混合贸易型企业而言，进口中间品关税水平与出口关税水平的影响，并不存在显著差异。

（6）随着企业出口国内增加值率的提升，进口中间品产品质量与进口中间品关税对一般贸易型企业出口国内增加值率、混合贸易型企业出口国内增加值率的影响在逐渐下降，出口关税水平对一般贸易型企业出口国内增加值率、加工贸易型企业（除出口国内增加值率非常低的企业外）出口国内增加值率、混合贸易型企业出口国内增加值率的影响在逐渐提升，加工贸易比例对混合贸易型企业出口国内增加值率的影响在不断下降，出口产品质量的影响未呈现显著趋势。

（7）对于所有企业而言，企业生产率、HHI 指数、资本劳动比与企业出口国内增加值率均呈正相关关系，并且，企业生产率对一般贸易型企业出口国内增加值率的影响显著低于其他两类企业。在加工贸易型企业与混合贸易型企业、一般贸易型企业与加工贸易型企业之间，竞争程度对于企业出口国内增加值率的影响不存在显著差异。资本劳动比对加工贸易型企业出口国内增加值率的影响，显著低于混合贸易型企业。

（8）出口关税水平对混合贸易型企业出口国内增加值率的影响显著高于其他两类企业，对一般贸易型企业出口国内增加值率的影响显著高于加工贸易型企业；进口中间品产品质量、出口产品质量对一般贸易型企业出口国内增加值率的影响，显著低于混合贸易型企业；进口中间品关税水平对一般贸易型企业出口国内增加值率与混合贸易型企业出口国内增加值率的影响，不存在显著差异。

第7章 中国出口国内增加值提升机制的动态拓展分析

本章将对企业动态行为对出口国内增加值变动率的影响进行实证分析。与第6章的不同之处在于，本章的被解释变量为企业出口国内增加值的变动率，解释变量是企业动态行为相关的变量。

在解释变量的选取上，一方面，伯纳德、詹森和肖特（Bernard，Jensen and Schott，2010）曾用美国微观企业数据进行研究发现，多产品企业在5年内将会调整其出口产品组合。樊娜娜（2018），殷晓鹏、仪珊珊和王哲（2018）等均对多产品企业的产品转换行为进行了研究。祝树金、金小剑和赵玉龙（2018）也对进口产品转换对于出口国内增加值率的影响进行了分析。因此，本章将从出口产品进入、退出、转换三个角度对出口产品组合变动影响企业出口国内增加值变动率的具体效应进行分析。另一方面，创新是企业重要动态行为之一，对企业外贸竞争力的提升有着积极的促进作用（程惠芳和陈超，2017），并且是提升企业生产率与出口产品质量的主要渠道之一。创新能否影响企业出口国内增加值的变动率，也是本章的分析重点之一。

对于一般贸易型企业、加工贸易型企业和混合贸易型企业而言，出口产品进入、退出、转换以及企业创新这四类企业行为并不像出口产品质量、进口中间品质量、进出口关税水平、加工贸易占比一样存在不同类型企业间的显著差异。因此，本章在影响因素分析方面，以共性分析为主，而非像第6章一样分析三类企业出口国内增加值的不同影响机制。

7.1　基准计量模型与数据描述

在被解释变量的刻画上，根据第 6 章的分析，采用不同方法所测度的出口国内增加值率作为被解释变量，回归的结果并没有较大差异，因此，本章将采用 DVAR1 作为出口国内增加值变动率的计算基础，具体计算公式为：

$$r_{dvar,t} = (DVAR_t - DVAR_{t-1})/DVAR_{t-1} \qquad (7-1)$$

在式（7-1）的计算结果中，剔除出口国内增加值变动率最低和最高各 1% 的样本作为本章分析的被解释变量。其中，出口国内增加值变动率为负的样本数为 23 225 个，占总样本的 42.7%；出口国内增加值变动率为正的样本数为 31 108 个，占总样本的 57.3%。

在解释变量的刻画上，主要采用虚拟变量刻画出口产品进入、退出、转换以及企业创新这四类企业行为。在出口产品进入上，本书将采用以下五种方式刻画不同的出口产品进入行为。

（1）新产品进入市场 D_1^{en}。即若企业本年出口产品中存在上一年度没有出口的产品，则 $D_1^{en}=1$，否则 $D_1^{en}=0$。

（2）旧产品进入新市场 D_2^{en}。即若企业上一年度的出口产品在本年度出口至该产品上一年度未出口的新目的国市场，则 $D_2^{en}=1$，否则 $D_2^{en}=0$。

（3）新产品成为核心产品 D_3^{en}。本章将对核心产品进行定义，本章的核心产品为出口额占当年该企业总出口额 10% 以上的产品。根据该定义，企业出口产品中可能没有核心产品，也可能均为核心产品。若企业本年出口核心产品为上一年度没有出口的产品，则 $D_3^{en}=1$，否则 $D_3^{en}=0$。

（4）首次出口中间品 D_4^{en}。即若企业上一年度没有出口中间品，而本年度有中间品出口，则 $D_4^{en}=1$，否则 $D_4^{en}=0$。

（5）首次出口最终品 D_5^{en}。即若企业上一年度没有出口最终品，而本年度有最终品出口，则 $D_5^{en}=1$，否则 $D_5^{en}=0$。

在出口产品退出上，本书将采用以下五种方式进行刻画。

（1）产品退出市场 D_1^{ex}。即若企业上一年度的出口产品在本年度没有继续出口，则 $D_1^{ex}=1$，否则，$D_1^{ex}=0$。

（2）产品退出某一目的国市场 D_2^{ex}。即若企业上一年度的出口产品在本年度未出口至该产品上一年度的出口目的国，则 $D_2^{ex}=1$，否则 $D_2^{ex}=0$。

（3）核心产品退出市场 D_3^{ex}。即若企业上一年度出口的核心产品在本年度退出市场，则 $D_3^{ex}=1$，否则，$D_3^{ex}=0$。

（4）出口中间品退出市场 D_4^{ex}。即若企业在上一年度有中间品出口而本年度没有中间品出口，则 $D_4^{ex}=1$，否则，$D_4^{ex}=0$。

（5）出口最终品退出市场 D_5^{ex}。即若企业在上一年度有最终品出口而本年度没有最终品出口，则 $D_5^{ex}=1$，否则，$D_5^{ex}=0$。

在出口产品转换上，本书将采用以下六种方式进行刻画。

（1）旧产品成为核心产品 D_1^{sw}。即若企业上一年度出口的非核心产品在本年度成为核心产品，则 $D_1^{sw}=1$，否则，$D_1^{sw}=0$。

（2）核心产品转变为非核心产品 D_2^{sw}。即若企业上一年度出口的核心产品在本年度成为非核心产品，则 $D_2^{sw}=1$，否则，$D_2^{sw}=0$。

（3）中间品出口由非主导地位转变为主导地位 D_3^{sw}。即若企业上一年度中间品出口占比不足50%，而本年度中间品出口超过50%，则 $D_3^{sw}=1$，否则，$D_3^{sw}=0$。

（4）最终品出口由非主导地位转变为主导地位 D_4^{sw}。即若企业上一年度最终品出口占比不足50%，而本年度最终品出口超过50%，则 $D_4^{sw}=1$，否则，$D_4^{sw}=1$。

（5）中间品出口由主导地位转变为非主导地位 D_5^{sw}。即若企业上一年度中间品出口占比超过50%，而本年度中间品出口不足50%，则 $D_5^{sw}=1$，否则，$D_5^{sw}=1$。

（6）最终品出口由主导地位转变为非主导地位 D_6^{sw}。即若企业上一年度最终品出口占比超过50%，而本年度最终品出口不足50%，则 $D_6^{sw}=1$，否则，$D_6^{sw} = 1$。

在企业创新上，本书将用虚拟变量 D_1^{in}、D_2^{in}、D_3^{in}、D_4^{in}、D_5^{in}、D_6^{in} 分别表示企业发明专利申请、实用新型专利申请、外观设计专利申请、发明专利授权、实用新型专利授权、外观设计专利授权。如企业存在相应创新行为，则相关虚拟变量的值为 1，否则相关虚拟变量的值为 0。专利数据来源于国家知识产权局的《中国专利数据库文摘》，并根据企业名称与中国海关数据库、中国工业企业数据库进行匹配。企业出口产品进入、退出、转换及企业创新的具体情况，如表 7-1 所示。

表 7-1 企业出口产品进入、退出、转换以及企业创新的具体情况

变量	D = 1			D = 0			t 值
	样本数	均值	标准差	样本数	均值	标准差	
D_1^{en}	36 776	0.106 7	0.478 8	17 557	0.110 5	0.504 7	-0.859 5
D_2^{en}	46 847	0.097 2	0.474 2	7 486	0.175 1	0.557 6	-12.864 1
D_3^{en}	5 594	0.116 6	0.498 2	48 739	0.106 9	0.486 0	1.408 2
D_4^{en}	2 414	0.119 5	0.439 6	51 919	0.107 4	0.489 4	1.193 4
D_5^{en}	1 754	0.103 9	0.503 4	52 579	0.108 1	0.486 8	-0.351 0
D_1^{ex}	37 829	0.096 6	0.474 9	16 504	0.134 0	0.513 7	-8.231 8
D_2^{ex}	45 540	0.117 1	0.492 2	8 793	0.060 5	0.458 2	9.965 9
D_3^{ex}	5 645	0.068 6	0.500 0	48 688	0.112 5	0.485 6	-6.408 8
D_4^{ex}	2 137	0.056 4	0.406 6	52 196	0.110 0	0.490 2	-4.989 4
D_5^{ex}	1 606	0.152 7	0.462 2	52 727	0.106 6	0.488 0	3.735 9
D_1^{sw}	8 229	0.103 7	0.466 0	46 104	0.108 7	0.491 0	-0.846 6
D_2^{sw}	8 379	0.107 3	0.479 9	45 954	0.108 0	0.488 7	-0.129 7
D_3^{sw}	997	0.135 0	0.516 6	53 336	0.107 4	0.486 7	1.770 8
D_4^{sw}	676	0.074 9	0.381 0	53 657	0.108 0	0.488 5	-1.775 1
D_5^{sw}	1 023	0.090 8	0.483 0	53 310	0.108 2	0.487 4	-1.134 7
D_6^{sw}	551	0.104 1	0.511 9	53 782	0.108 0	0.487 1	-0.184 4
D_1^{in}	1 137	0.113 3	0.464 3	53 196	0.107 8	0.487 7	0.378 8
D_2^{in}	2 682	0.115 4	0.426 5	51 651	0.107 5	0.490 3	0.810 3
D_3^{in}	1 818	0.082 4	0.349 6	52 515	0.108 8	0.491 4	-2.267 2
D_4^{in}	480	0.181 0	0.492 5	53 853	0.107 3	0.487 2	3.300 2

续表

变量	D = 1			D = 0			t 值
	样本数	均值	标准差	样本数	均值	标准差	
D_5^{in}	1 754	0. 104 2	0. 418 0	52 579	0. 108 0	0. 489 5	− 0. 323 0
D_6^{in}	1 786	0. 074 9	0. 341 6	52 547	0. 109 0	0. 491 5	− 2. 909 9

注：t 值为检验 D = 1 与 D = 0 两个样本间是否存在显著差异的 t 检验统计量，具体公式为 $t = \dfrac{\bar{X}_1 - \bar{X}_2}{\sqrt{\dfrac{(n_1 - 1)S_1^2 + (n_2 - 1)S_2^2}{n_1 + n_2 - 2}\left(\dfrac{1}{n_1} + \dfrac{1}{n_2}\right)}}$，其中，n、$\bar{X}$、$S^2$ 分别表示样本数、样本均值和样本方差。

资料来源：笔者根据中国海关数据库与中国工业企业数据库的匹配数据，应用 Stata 软件计算整理而得。

从表 7 - 1 中可以看出，当企业有着产品退出某一目的国市场、出口最终品退出市场、中间品出口由非主导地位转变为主导地位、发明专利授权这四大行为时，出口国内增加值的增长率显著提升；当企业有旧产品进入新市场、产品退出市场、核心产品退出市场、出口中间品退出市场、最终品出口由非主导地位转变为主导地位、外观设计专利申请、外观设计专利申请授权等行为时，出口国内增加值的增长率显著下降。

但是，双样本 t 值检验要求分组依据相对于分析变量而言具有随机性，实际上这一随机性无法得到满足，从而使得检验结果存在一定误差，而倾向值得分匹配模型（PSM）则是解决这一问题的有效方法。

在计量模型的选择上，本章将采用 Logit 模型来估算倾向值得分，在具体估计方程的设定上，根据雅兰和拉瓦利昂（Jalan and Ravallion，2003）的研究，解释变量应不受被解释变量的影响，因此，本章 Logit 模型设定为：

$$D_{ft} = \alpha_1 tfp_{ft-1} + \alpha_2 dvar_{ft-1} + \varepsilon_{ft} \tag{7-2}$$

在式（7 - 2）中，D_{ft} 表示企业出口产品转换与创新相关的虚拟变量，tfp_{ft-1} 表示企业前一期 LP 法下的生产率水平，$dvar_{ft-1}$ 表示企业前一期的出口国内增加值率。

在具体匹配方法上，本章将采用近邻匹配以及核（Kernel）匹配的方法。

7.2 出口产品进入对企业出口国内增加值变动率的影响分析

本节将以企业出口产品进入行为对企业出口国内增加值变动率的影响为分析对象,同时考虑企业出口产品转换行为对企业出口国内增加值变动率的滞后效应。[①] 其中,企业出口产品进入行为包括五种:新产品进入市场 (D_1^{en})、旧产品进入新市场 (D_2^{en})、新产品成为核心产品 (D_3^{en})、首次出口中间品 (D_4^{en}) 和首次出口最终品 (D_5^{en})。

7.2.1 出口产品进入对企业出口国内增加值变动率的即期影响

本节将分析 D_1^{en}、D_2^{en}、D_3^{en}、D_4^{en}、D_5^{en} 五种产品进入行为对企业当期出口国内增加值变动率的影响。企业出口产品进入行为对企业出口国内增加值变动率的即期影响,如表 7-2 所示。从表 7-2 中可以看出,新产品进入市场以及新产品成为核心产品对企业出口国内增加值变动率的即期影响并不显著;旧产品进入新市场这一行为将会使得企业当期的出口国内增加值变动率显著下降,下降程度约为 4.30% ~ 6.05%;首次出口中间品这一行为将会使得企业当期的出口国内增加值变动率显著上升,上升幅度约为 2.48% ~ 3.88%;首次出口最终品则会使得企业当期的出口国内增加值变动率显著下降,下降程度约为 1.99% ~ 5.30%。

表 7-2 企业出口产品进入行为对企业出口国内增加值变动率的即期影响

企业行为	匹配方法	实验组样本数	控制组样本数	平均效应	标准差	t 值
D_1^{en}	Kernel 匹配	36 776	17 557	- 0.003 3	0.004 7	- 0.703 9
	近邻匹配	36 776	15 188	- 0.011 6	0.008 0	- 1.455 7

---

① 即企业出口产品转换行为对企业后一期出口国内增加值变动率的影响。

续表

企业行为	匹配方法	实验组样本数	控制组样本数	平均效应	标准差	t 值
D_2^{en}	Kernel 匹配	46 847	7 486	−0.060 5	0.009 3	−6.523 1
	近邻匹配	46 847	7 244	−0.043 0	0.002 1	−20.732 1
D_3^{en}	Kernel 匹配	5 594	48 739	−0.003 0	0.003 7	−0.809 3
	近邻匹配	5 594	25 244	0.004 6	0.003 8	1.216 1
D_4^{en}	Kernel 匹配	2 414	51 919	0.024 8	0.011 9	2.077 0
	近邻匹配	2 414	25 044	0.038 8	0.000 3	134.512 7
D_5^{en}	Kernel 匹配	1 754	52 579	−0.019 9	0.006 3	−3.160 9
	近邻匹配	1 754	24 964	−0.053 0	0.012 6	−4.223 3

资料来源：笔者根据中国海关数据库与中国工业企业数据库的匹配数据，应用 Stata 软件计算整理而得。

7.2.2　出口产品进入对企业出口国内增加值变动率的滞后效应

表 7 − 3 显示了 D_1^{en}、D_2^{en}、D_3^{en}、D_4^{en}、D_5^{en} 五类企业出口产品进入行为对企业出口国内增加值变动率的滞后影响。由表 7 − 3 可知，新产品进入市场对企业第二年出口国内增加值变动率的影响显著为正，企业第二年出口国内增加值变动率将上升 1.85% ~ 2.21%；旧产品进入新市场、首次出口中间品与首次出口最终品对企业第二年的出口国内增加值变动率影响并不显著；新产品成为核心产品对企业第二年出口国内增加值变动率的影响显著为正。

表 7 − 3　企业出口产品进入行为对企业出口国内增加值变动率的滞后效应

企业行为	匹配方法	实验组样本数	控制组样本数	平均效应	标准差	t 值
D_1^{en}	Kernel 匹配	20 800	9 756	0.022 1	0.004 6	4.758 7
	近邻匹配	20 800	8 290	0.018 5	0.010 1	1.836 0
D_2^{en}	Kernel 匹配	26 257	4 299	−0.008 3	0.008 1	−1.027 7
	近邻匹配	26 257	4 141	0.010 0	0.007 4	1.344 9

企业行为	匹配方法	实验组样本数	控制组样本数	平均效应	标准差	t 值
D_3^{en}	Kernel 匹配	2 775	27 781	0.052 4	0.007 3	7.165 6
	近邻匹配	2 775	13 364	0.069 5	0.019 4	3.588 5
D_4^{en}	Kernel 匹配	1 532	29 024	− 0.007 7	0.008 4	− 0.916 4
	近邻匹配	1 532	12 869	− 0.002 9	0.004 3	− 0.682 0
D_5^{en}	Kernel 匹配	1 028	29 528	0.003 3	0.029 0	0.112 9
	近邻匹配	1 028	12 771	0.005 2	0.020 3	0.255 8

资料来源：笔者根据中国海关数据库与中国工业企业数据库的匹配数据，应用 Stata 软件计算整理而得。

7.2.3 出口产品进入行为的效应总结

新产品进入市场对企业当期出口国内增加值变动率的影响并不显著，但对企业第二年出口国内增加值变动率的影响显著为正。这意味着，新产品进入市场对企业出口国内增加值变动率的促进效应在次年才开始体现。这是因为，相对于旧产品，企业新产品的加成率会有所提升，在既定进口中间品价值情况下，企业新产品的相对销售价格提升程度高于旧产品，使得企业出口国内增加值变动率有所提升。但是，由于国外市场产品认知度提升以及国内新产品中间品生产体系构建需要一定时间，因此，该促进效应于次年才开始体现。

旧产品进入新市场对企业当期出口国内增加值变动率的影响显著为负，对企业第二年出口国内增加值变动率的影响并不显著。这是因为，企业旧产品开拓目的国市场时通常会采用低价策略来提升其新市场的产品认知度，但该行为不会对旧产品的加成率带来较大影响，该策略的影响并不具有持续性，因此，对企业次年出口国内增加值变动率的影响并不显著。

新产品成为核心产品对企业当期出口国内增加值变动率的影响并不显著，但对企业第二年出口国内增加值变动率的影响显著为正。这与新产品进入市场的影响类似，并且，该促进效应要高于新产品进入市场对出口国内增加值变动率所带来的促进效应。这也印证了之前对新产品进入市场的分析，能成为核心产品的新产品其加成率提升要高于其他新产品。

首次出口中间品对企业当期出口国内增加值变动率的影响显著为正，对企业第二年出口国内增加值变动率的影响并不显著。这是因为，企业从最终品出口转向中间品出口，意味着企业在价值链上的升级，从低出口国内增加值率环节的简单装配转型为高出口国内增加值率的中间品生产环节，从而促进企业出口国内增加值变动率提升。但是，该行为仅影响企业当期的出口国内增加值率，并不会影响企业次年的出口国内增加值率。

首次出口最终品对企业当期出口国内增加值变动率的影响显著为负，对企业第二年出口国内增加值变动率的影响并不显著。其影响机理与首次出口中间品的影响机理相似。

7.3　出口产品退出对企业出口国内增加值变动率的影响分析

本节将以企业出口产品退出行为对企业出口国内增加值变动率的影响为分析对象，同样考虑滞后效应。其中，企业出口产品退出行为包括五种：产品退出市场（D_1^{ex}）、产品退出某一目的国市场（D_2^{ex}）、核心产品退出市场（D_3^{ex}）、出口中间品退出市场（D_4^{ex}）和出口最终品退出市场（D_5^{ex}）。

7.3.1　出口产品退出对企业出口国内增加值变动率的即期影响

本小节先分析 D_1^{ex}、D_2^{ex}、D_3^{ex}、D_4^{ex}、D_5^{ex} 五种企业出口产品退出行为对企业出口国内增加值变动率的即期影响，如表 7 - 4 所示。

表7-4　企业出口产品退出行为对企业出口国内增加值
变动率的即期影响

企业行为	匹配方法	实验组样本数	控制组样本数	平均效应	标准差	t 值
D_1^{ex}	Kernel 匹配	37 829	16 504	0.007 2	0.020 3	0.355 6
	近邻匹配	37 829	14 489	0.008 6	0.019 1	0.449 6
D_2^{ex}	Kernel 匹配	45 540	8 793	0.047 5	0.003 5	13.480 8
	近邻匹配	45 540	8 400	0.042 6	0.006 0	7.124 4
D_3^{ex}	Kernel 匹配	5 645	48 688	-0.043 3	0.004 4	-9.808 8
	近邻匹配	5 645	24 364	-0.033 1	0.016 6	-1.988 2
D_4^{ex}	Kernel 匹配	2 137	52 196	-0.046 0	0.008 7	-5.284 4
	近邻匹配	2 137	25 042	-0.022 7	0.011 1	-2.052 3
D_5^{ex}	Kernel 匹配	1 606	52 727	0.052 9	0.019 6	2.696 9
	近邻匹配	1 606	25 066	0.030 1	0.012 3	2.447 6

资料来源：笔者根据中国海关数据库与中国工业企业数据库的匹配数据，应用 Stata 软件计算整理而得。

从表7-4可以看出，产品退出市场对企业出口国内增加值变动率的即期影响并不显著；产品退出某一目的国市场这一行为将会使得企业当期的出口国内增加值变动率显著上升，上升幅度约为4.26%~4.75%；核心产品退出市场将会使得企业当期的出口国内增加值变动率显著下降，下降幅度约为3.31%~4.33%；出口中间品退出市场将会使得企业当期的出口国内增加值变动率显著下降，下降幅度约为2.27%~4.60%；出口最终品退出市场将会使得企业当期的出口国内增加值变动率显著上升，上升幅度约为3.01%~5.29%。

7.3.2　出口产品退出对企业出口国内增加值变动率的滞后效应

表7-5显示了D_1^{ex}、D_2^{ex}、D_3^{ex}、D_4^{ex}、D_5^{ex}五类企业出口产品退出行为对企业出口国内增加值变动率的滞后影响。从表7-5中可以看出，产品退出市场对企业第二年出口国内增加值变动率的影响显著为负，企业第

二年出口国内增加值变动率将下降 2.32% ~ 3.21%；产品退出某一目的国市场、出口中间品退出市场、出口最终品退出市场对企业第二年的出口国内增加值变动率影响并不显著；核心产品退出市场对企业第二年出口国内增加值变动率的影响显著为负，企业第二年出口国内增加值变动率将下降 4.17% ~ 5.73%。

表 7 – 5　　　　　　　企业出口产品退出行为对企业出口国内增加值
变动率的滞后效应

企业行为	匹配方法	实验组样本数	控制组样本数	平均效应	标准差	t 值
D_1^{ex}	Kernel 匹配	20 516	10 040	– 0.032 1	0.006 4	– 4.990 7
	近邻匹配	20 516	8 522	– 0.023 2	0.000 5	– 50.880 5
D_2^{ex}	Kernel 匹配	24 358	6 198	0.000 1	0.002 1	0.031 6
	近邻匹配	24 358	5 796	0.003 0	0.002 8	1.069 8
D_3^{ex}	Kernel 匹配	1 974	28 582	– 0.057 3	0.006 5	– 8.843 9
	近邻匹配	1 974	13 123	– 0.041 7	0.006 8	– 6.114 3
D_4^{ex}	Kernel 匹配	1 209	29 347	– 0.007 9	0.019 2	– 0.412 2
	近邻匹配	1 209	12 807	– 0.005 2	0.012 4	– 0.423 3
D_5^{ex}	Kernel 匹配	918	29 638	– 0.005 6	0.007 2	– 0.782 9
	近邻匹配	918	12 847	– 0.008 2	0.023 7	– 0.346 1

　　资料来源：笔者根据中国海关数据库与中国工业企业数据库的匹配数据，应用 Stata 软件计算整理而得。

7.3.3　出口产品退出行为的效应总结

　　产品退出市场对企业当期出口国内增加值变动率的影响并不显著，对企业第二年出口国内增加值变动率的影响显著为负，即产品退出市场对企业出口国内增加值变动率的负向效应在次年开始体现。这是因为，影响企业产品退出市场的两大主要因素——企业出口产品调整主动退出以及企业竞争力下降被动退出，对出口国内增加值变动率的影响存在差异。企业出口产品调整主动退出，会使得当期企业出口国内增加值变动率有所提升，但是，对之后时期企业出口国内增加值变动率的影响并不显著。而企业竞争力下降被动退出，不仅使得当期企业出口国内增加值变动率有所下降，之后时期企业出口国内增加值变动率也会有所下降。

产品退出某一目的国市场对企业当期出口国内增加值变动率的影响显著为正，对企业第二年出口国内增加值变动率的影响并不显著。这是因为，根据多产品企业理论，企业产品将会从边际成本较高的出口市场上先行退出，该行为会使得企业继续出口的产品整体加成率提升，但该行为的影响不存在滞后效应。

核心产品退出市场对企业当期以及第二年出口国内增加值变动率的影响显著为负，并且，次年的负向效应要高于产品退出市场对出口国内增加值变动率所带来的负向效应。这也印证了之前对产品退出市场的分析。对于企业而言，核心产品退出市场大概率是企业竞争力下降被动退出的结果。因此，该行为对企业当期以及第二年出口国内增加值变动率均将带来负向影响。

出口中间品退出市场对企业当期出口国内增加值变动率的影响显著为负，对企业第二年出口国内增加值变动率的影响并不显著；出口最终品退出市场对企业当期出口国内增加值变动率的影响显著为正，对企业第二年出口国内增加值变动率的影响并不显著。其内在机理与之前所提及的企业在中间品出口和最终品出口之间转换相同，此处不再赘述。

7.4　出口产品转换对企业出口国内增加值变动率的影响分析

本节将以企业出口产品转换行为对企业出口国内增加值变动率的影响为分析对象，同样考虑滞后效应。其中，企业出口产品转换行为主要包括六种：旧产品成为核心产品（D_1^{sw}）、核心产品转变为非核心产品（D_2^{sw}）、中间品出口由非主导地位转变为主导地位（D_3^{sw}）、最终品出口由非主导地位转变为主导地位（D_4^{sw}）、中间品出口由主导地位转变为非主导地位（D_5^{sw}）、最终品出口由主导地位转变为非主导地位（D_6^{sw}）。

7.4.1　出口产品转换对企业出口国内增加值变动率的即期影响

D_1^{sw}、D_2^{sw}、D_3^{sw}、D_4^{sw}、D_5^{sw}、D_6^{sw} 六类企业产品转换行为对企业出口国内增加值变动率的即期影响，如表 7 - 6 所示。从表 7 - 6 中可以看出，旧产品成为核心产品、核心产品转变为非核心产品、中间品出口由非主导地位转变为主导地位、最终品出口由非主导地位转变为主导地位、中间品出口由主导地位转变为非主导地位、最终品出口由主导地位转变为非主导地位这六类产品转换行为，对于企业当期出口国内增加值变动率的影响均不显著。

表 7 - 6　　企业产品转换行为对企业出口国内增加值变动率的即期影响

企业行为	匹配方法	实验组样本数	控制组样本数	平均效应	标准差	t 值
D_1^{sw}	Kernel 匹配	8 229	46 104	- 0.007 5	0.011 7	- 0.638 8
	近邻匹配	8 229	26 296	- 0.001 0	0.005 3	- 0.181 8
D_2^{sw}	Kernel 匹配	8 379	45 954	- 0.004 1	0.003 2	- 1.271 4
	近邻匹配	8 379	26 070	0.007 2	0.006 5	1.099 2
D_3^{sw}	Kernel 匹配	997	53 336	0.011 3	0.011 9	0.946 7
	近邻匹配	997	24 915	- 0.003 6	0.034 7	- 0.103 4
D_4^{sw}	Kernel 匹配	676	53 657	- 0.015 1	0.012 0	- 1.259 1
	近邻匹配	676	24 900	- 0.001 8	0.022 3	- 0.081 3
D_5^{sw}	Kernel 匹配	1 023	53 310	- 0.011 2	0.021 0	- 0.532 8
	近邻匹配	1 023	24 859	0.004 9	0.011 6	0.426 3
D_6^{sw}	Kernel 匹配	551	53 782	0.008 2	0.010 1	0.812 8
	近邻匹配	551	24 941	0.008 7	0.017 5	0.491 4

资料来源：笔者根据中国海关数据库与中国工业企业数据库的匹配数据，应用 Stata 软件计算整理而得。

7.4.2　出口产品转换对企业出口国内增加值变动率的滞后效应

D_1^{sw}、D_2^{sw}、D_3^{sw}、D_4^{sw}、D_5^{sw}、D_6^{sw} 六类企业产品转换行为对企业出口国内增加值变动率的滞后影响，如表 7 - 7 所示。从表 7 - 7 可以看出，旧产

品成为核心产品、核心产品转变为非核心产品对企业第二年的出口国内
增加值变动率影响并不显著;中间品出口由非主导地位转变为主导地位,
对企业第二年出口国内增加值变动率的影响显著为正,企业第二年出口
国内增加值变动率将上升 3.88% ~ 7.89%;最终品出口由非主导地位转
变为主导地位,对企业第二年出口国内增加值变动率的影响显著为负,
企业第二年出口国内增加值变动率将下降 2.59% ~ 4.59%;中间品出口
由主导地位转变为非主导地位,对企业第二年出口国内增加值变动率的
影响显著为负,企业第二年出口国内增加值变动率将下降 3.29% ~
5.26%;最终品出口由主导地位转变为非主导地位,对企业第二年出口
国内增加值变动率的影响显著为正,企业第二年出口国内增加值变动率
将上升 4.11% ~ 5.74%。

表 7 − 7　企业产品转换行为对企业出口国内增加值变动率的滞后影响

企业行为	匹配方法	实验组样本数	控制组样本数	平均效应	标准差	t 值
D_1^{sw}	Kernel 匹配	3 879	26 677	− 0.006 0	0.015 1	− 0.395 0
	近邻匹配	3 879	14 134	− 0.007 7	0.005 7	− 1.353 9
D_2^{sw}	Kernel 匹配	3 887	26 669	− 0.000 9	0.000 8	− 1.206 6
	近邻匹配	3 887	14 058	0.002 4	0.006 2	0.393 6
D_3^{sw}	Kernel 匹配	596	29 960	0.038 8	0.015 5	2.507 1
	近邻匹配	596	12 736	0.078 9	0.021 4	3.681 1
D_4^{sw}	Kernel 匹配	480	30 076	− 0.045 9	0.000 2	− 255.664 6
	近邻匹配	480	12 680	− 0.025 9	0.008 7	− 2.971 0
D_5^{sw}	Kernel 匹配	607	29 949	− 0.052 6	0.003 6	− 14.604 3
	近邻匹配	607	12 700	− 0.032 9	0.005 2	− 6.342 8
D_6^{sw}	Kernel 匹配	350	30 206	0.057 4	0.014 2	4.041 1
	近邻匹配	350	12 702	0.041 1	0.012 8	3.209 2

资料来源:笔者根据中国海关数据库与中国工业企业数据库的匹配数据,应用 Stata 软件计
算整理而得。

7.4.3　出口产品转换行为的效应总结

旧产品成为核心产品以及核心产品转变为非核心产品对企业当期以

及第二年出口国内增加值变动率的影响并不显著。也就是说，不属于进入、退出核心产品的调整，不会对企业出口国内增加值变动率造成较大影响；中间品出口由非主导地位转变为主导地位，对企业当期出口国内增加值变动率的影响并不显著，对企业第二年出口国内增加值变动率的影响显著为正；最终品出口由非主导地位转变为主导地位，对企业当期出口国内增加值变动率的影响并不显著，对企业第二年出口国内增加值变动率的影响显著为负；中间品出口由主导地位转变为非主导地位，对企业当期出口国内增加值变动率的影响并不显著，对企业第二年出口国内增加值变动率的影响显著为负；最终品出口由主导地位转变为非主导地位，对企业当期出口国内增加值变动率的影响并不显著，对企业第二年出口国内增加值变动率的影响显著为正。其中，内在机理与之前所提及的企业在中间品出口和最终品出口之间转型相似，但其影响存在滞后效应，而对企业当期出口国内增加值变动率的影响均不显著。

7.5　创新对企业出口国内增加值变动率的影响分析

本节将以企业创新行为对企业出口国内增加值变动率的影响为分析对象，主要分析专利申请以及专利授权行为对出口国内增加值变动率的影响，同样考虑了滞后效应。其中，企业创新行为包括六种：企业发明专利申请（D_1^{in}）、实用新型专利申请（D_2^{in}）、外观设计专利申请（D_3^{in}）、发明专利授权（D_4^{in}）、实用新型专利授权（D_5^{in}）和外观设计专利授权（D_6^{in}）。

7.5.1　创新行为对企业出口国内增加值变动率的即期影响

企业发明专利申请（D_1^{in}）、实用新型专利申请（D_2^{in}）、外观设计专利申请（D_3^{in}）三类专利申请行为对企业当期出口国内增加值变动率的影响，如表 7-8 所示。从表 7-8 中可以看出，三类专利申请行为对企业当期出口国内增加值变动率的影响均不显著。

表 7-8   企业专利申请行为对企业出口国内增加值变动率的即期影响

企业行为	匹配方法	实验组样本数	控制组样本数	平均效应	标准差	t 值
D_1^{in}	Kernel 匹配	1 137	53 196	-0.025 7	0.085 3	-0.301 7
	近邻匹配	1 137	25 030	0.005 4	0.016 2	0.335 2
D_2^{in}	Kernel 匹配	2 682	51 651	-0.001 1	0.002 5	-0.426 5
	近邻匹配	2 682	25 181	0.007 2	0.006 1	1.173 8
D_3^{in}	Kernel 匹配	1 818	52 515	-0.023 5	0.025 6	-0.917 3
	近邻匹配	1 818	25 108	0.008 6	0.024 8	0.348 7

资料来源：笔者根据中国海关数据库与中国工业企业数据库的匹配数据，应用 Stata 软件计算整理而得。

发明专利授权（D_4^{in}）、实用新型专利授权（D_5^{in}）和外观设计专利授权（D_6^{in}）三类企业专利授权行为对企业出口国内增加值变动率的即期影响，如表 7-9 所示。从表 7-9 中可以看出，与专利申请行为类似的是，三类专利授权行为对企业当期出口国内增加值变动率的影响均不显著。

表 7-9   企业专利授权行为对企业出口国内增加值变动率的即期影响

企业行为	匹配方法	实验组样本数	控制组样本数	平均效应	标准差	t 值
D_4^{in}	Kernel 匹配	480	53 853	0.018 4	0.018 5	0.995 6
	近邻匹配	480	24 966	-0.022 2	0.020 6	-1.075 4
D_5^{in}	Kernel 匹配	1 754	52 579	-0.009 5	0.040 8	-0.233 0
	近邻匹配	1 754	25 053	0.004 2	0.016 0	0.261 6
D_6^{in}	Kernel 匹配	1 786	52 547	-0.031 2	0.034 3	-0.909 8
	近邻匹配	1 786	25 078	0.016 4	0.058 5	0.281 1

资料来源：笔者根据中国海关数据库与中国工业企业数据库的匹配数据，应用 Stata 软件计算整理而得。

7.5.2   创新行为对企业出口国内增加值变动率的滞后效应

表 7-10 显示了三类企业专利申请行为对企业出口国内增加值变动率的滞后影响。从表 7-10 可以看出，企业发明专利申请对企业第二年出口

国内增加值变动率的影响显著为正，企业第二年出口国内增加值变动率将上升 14.19% ~ 14.59%；企业实用新型专利申请对企业第二年出口国内增加值变动率的影响显著为正，企业第二年出口国内增加值变动率将上升 5.10% ~ 7.03%；外观设计专利申请对企业第二年出口国内增加值变动率的影响并不显著。

表 7 - 10　　　企业专利申请行为对企业出口国内增加值变动率的滞后效应

企业行为	匹配方法	实验组样本数	控制组样本数	平均效应	标准差	t 值
D_1^{in}	Kernel 匹配	452	30 104	0.141 9	0.065 4	2.169 3
	近邻匹配	452	12 748	0.145 9	0.025 9	5.637 5
D_2^{in}	Kernel 匹配	1627	28 929	0.051 0	0.010 0	5.081 6
	近邻匹配	1 627	12 931	0.070 3	0.002 2	32.147 1
D_3^{in}	Kernel 匹配	1 111	29 445	0.010 9	0.032 5	0.336 4
	近邻匹配	1 111	12 879	0.029 1	0.052 4	0.554 2

资料来源：笔者根据中国海关数据库与中国工业企业数据库的匹配数据，应用 Stata 软件计算整理而得。

表 7 - 11 显示了三类企业专利授权行为对企业出口国内增加值变动率的滞后影响。从表 7 - 11 可以看出，企业发明专利授权对企业第二年出口国内增加值变动率的影响显著为正，企业第二年出口国内增加值变动率将上升 29.80% ~ 30.12%；企业新型专利授权对企业第二年出口国内增加值变动率的影响显著为正，企业第二年出口国内增加值变动率将上升 11.18% ~ 12.00%；外观设计专利授权对企业第二年出口国内增加值变动率的影响并不显著。

表 7 - 11　　　企业专利授权行为对企业出口国内增加值变动率的滞后效应

企业行为	匹配方法	实验组样本数	控制组样本数	平均效应	标准差	t 值
D_4^{in}	Kernel 匹配	299	30 257	0.298 0	0.030 5	9.761 8
	近邻匹配	299	12 691	0.301 2	0.015 0	20.033 3
D_5^{in}	Kernel 匹配	763	29 793	0.111 8	0.006 5	17.202 2
	近邻匹配	763	12 753	0.120 0	0.005 4	22.094 4

续表

企业 行为	匹配方法	实验组 样本数	控制组 样本数	平均效应	标准差	t 值
D_6^{in}	Kernel 匹配	1076	29 480	−0.028 8	0.020 4	−1.415 6
	近邻匹配	1 076	12 844	−0.003 8	0.016 5	−0.232 1

资料来源：笔者根据中国海关数据库与中国工业企业数据库的匹配数据，应用 Stata 软件计算整理而得。

7.5.3　创新行为的效应总结

在专利申请行为上，企业发明专利申请与实用新型专利申请对企业当期出口国内增加值变动率的影响并不显著，但对企业第二年出口国内增加值变动率的影响显著为正。这可能是因为，发明专利申请与实用新型专利申请作为企业创新行为的体现，其会使企业生产率有所提升，但该促进效应于次年才开始体现。并且可以看出，发明专利申请行为对企业生产率的促进效应要高于实用新型专利申请行为。该结果表明，发明专利申请对企业次年出口国内增加值变动率的促进效应，要高于实用新型专利申请。外观设计专利申请对企业当期以及次年出口国内增加值变动率的影响均不显著。也就是说，外观设计专利申请对企业生产率的促进效应较低，因此，不会对企业出口国内增加值变动率造成较大影响。

在专利授权行为上，三类行为对企业出口国内增加值变动率的影响与专利申请行为类似。企业发明专利授权与实用新型专利授权对企业当期出口国内增加值变动率的影响并不显著，但对企业第二年出口国内增加值变动率的影响显著为正。发明专利授权对企业次年出口国内增加值变动率的促进效应要高于实用新型专利授权。外观设计专利申请对企业当期以及次年出口国内增加值变动率的影响均不显著，其作用渠道也和专利申请中的分析相似，均通过创新行为作用于企业生产率这一渠道来影响企业出口国内增加值变动率。

在相同类型专利的情况下，专利授权行为所带来的出口国内增加值变动率促进效应要高于专利申请行为。这可能是因为专利授权行为对企业生产率的促进效应要高于专利申请行为。

7.6　本章小结

本章利用倾向值得分匹配方法对企业出口国内增加值提升的动态机制进行分析,研究了出口产品进入、退出、转换以及企业创新这四类企业动态行为对企业出口国内增加值变动率的影响,得出以下五点结论。

(1)在出口产品进入行为上,新产品进入市场对企业当期出口国内增加值变动率的影响并不显著,但对企业第二年出口国内增加值变动率的影响显著为正;旧产品进入新市场对企业当期出口国内增加值变动率的影响显著为负,对企业第二年出口国内增加值变动率的影响并不显著;新产品成为核心产品对企业当期出口国内增加值变动率的影响并不显著,但对企业第二年出口国内增加值变动率的影响显著为正;首次出口中间品对企业当期出口国内增加值变动率的影响显著为正,对企业第二年出口国内增加值变动率的影响并不显著;首次出口最终品对企业当期出口国内增加值变动率的影响显著为负,对企业第二年出口国内增加值变动率的影响并不显著。

(2)在出口产品退出行为上,产品退出市场对企业当期出口国内增加值变动率的影响并不显著,对企业第二年出口国内增加值变动率的影响显著为负;产品退出某一目的国市场对企业当期出口国内增加值变动率的影响显著为正,对企业第二年出口国内增加值变动率的影响并不显著;核心产品退出市场对企业当期以及第二年出口国内增加值变动率的影响显著为负;出口中间品退出市场对企业当期出口国内增加值变动率的影响显著为负,对企业第二年出口国内增加值变动率的影响并不显著;出口最终品退出市场对企业当期出口国内增加值变动率的影响显著为正,对企业第二年出口国内增加值变动率的影响并不显著。

(3)在出口产品转换行为上,旧产品成为核心产品以及核心产品转变为非核心产品,对企业当期以及第二年出口国内增加值变动率的影响并不显著；中间品出口由非主导地位转变为主导地位、最终品出口由主导地位转变为非主导地位对企业当期出口国内增加值变动率的影响并不显著，对企业第二年出口国内增加值变动率的影响显著为正；最终品出口由非主导地位转变为主导地位、中间品出口由主导地位转变为非主导地位对企业当期出口国内增加值变动率的影响并不显著，对企业第二年出口国内增加值变动率的影响显著为负。

（4）在创新行为上，专利申请与专利授权的影响存在一定差异。从专利申请角度考虑创新，企业发明专利申请以及实用新型专利申请对企业当期出口国内增加值变动率的影响并不显著，但对企业第二年出口国内增加值变动率的影响显著为正；发明专利申请对企业次年出口国内增加值变动率的促进效应要高于实用新型专利申请；外观设计专利申请对企业当期以及次年出口国内增加值变动率的影响均不显著。从专利授权角度考虑创新，企业发明专利授权以及实用新型专利授权对企业当期出口国内增加值变动率的影响并不显著，但对企业第二年出口国内增加值变动率的影响显著为正；发明专利授权对企业次年出口国内增加值变动率的促进效应，要高于实用新型专利授权；外观设计专利申请对企业当期以及次年出口国内增加值变动率的影响均不显著，其作用渠道也和专利申请中的分析相似。在相同类型专利的情况下，专利授权行为所带来的出口国内增加值变动率促进效应要高于专利申请行为。

（5）总体来看，创新行为对企业出口国内增加值变动率的影响要高于出口产品进入、退出、转换这三类行为，但创新行为的影响存在滞后效应，对企业当期出口国内增加值变动率的影响均不显著；出口产品进入、退出行为对企业出口国内增加值变动率的影响多为即期效应，滞后效应较少；出口产品转换对企业出口国内增加值变动率的影响多为滞后效应，即期效应均不显著。

第8章　结论与政策建议

8.1　基本结论

本书考虑中国贸易体制下企业进出口方式的多样性组合，从出口贸易方式角度将企业划分为三大类型：一般贸易型企业、加工贸易型企业和混合贸易型企业。基于阿卜沃德、王和郑（2013）的方法，提出三大类型企业出口国内增加值率的基准测度方法（DVAR1）。参考基和唐（Kee and Tang，2016），综合考虑贸易中间商、国内中间投入中的国外成分等因素，对出口国内增加值率基准测度方法进行修正（DVAR2 和 DVAR3）。采用 2000～2006 年中国海关数据库和 2000～2006 年中国工业企业数据库中的匹配数据，测算出三种不同类型企业的出口国内增加值率。通过对所测算的出口国内增加值率数据进行初步分析发现，三类出口国内增加值率的概率分布均为负偏态分布，其中，DVAR1 与 DVAR2 的分布几乎完全重合。除 2004 年外，三类出口国内增加值率的 Pearson 相关系数和 Spearman 等级相关系数均较高，并呈上升趋势。通过比较发现，所测算的数据与已有中国出口国内增加值率的相关研究较为一致。

在出口国内增加值率测度数据的基础上，本书从不同贸易方式、企业出口国内增加值率稳定性、出口时间、企业性质四个角度阐述微观层面中国出口国内增加值的变动趋势。将微观层面出口国内增加值率汇总至行业层面，分析宏观层面出口国内增加值的总体情况。从产业结构、贸易模式和企业动态三个角度对中国出口国内增加值变动进行结构分解，得出以下三个主要结论。

（1）不同类型企业出口国内增加值率的变动趋势存在明显差异。一般贸易型企业的出口国内增加值率平均水平显著高于混合贸易型企业，而混合贸易型企业的出口国内增加值率平均水平显著高于加工贸易型企业。从变异系数来看，加工贸易型企业出口国内增加值率和混合贸易型企业出口国内增加值率的变异系数呈下降趋势，而一般贸易型企业出口国内增加值率的变异系数基本保持稳定。这说明，加工贸易型企业和混合贸易型企业出口国内增加值率的企业间差异程度在不断缩小，而一般贸易型企业则保持稳定。

（2）贸易模式转型是中国出口国内增加值率变动的来源。对 2001 ~ 2004 年、2004 ~ 2006 年、2000 ~ 2006 年出口国内增加值率变动的分解结果显示，贸易模式内变动对总体变动的贡献分别为 51.96%、63.92% 和 75.38%，贸易模式转型对总体变动的贡献分别为 48.04%、36.08% 和 24.62%。

（3）中国出口国内增加值率的变动，主要来自持续企业的集约边际，企业进入、退出的扩展边际效应为负，并且，对出口国内增加值率的作用非常有限。退出企业的出口国内增加值率均值明显高于进入企业和持续企业，不同代际的进入企业在持续期间的出口国内增加值率均值不断提升，表明持续企业的出口国内增加值率不断提升和高出口国内增加值率企业退出的特征性事实。基于企业动态的分解结果表明，持续企业的出口国内增加值率变动的集约边际是中国出口国内增加值率变动的主要来源，企业进入、退出的扩展边际对中国出口国内增加值率变动的作用非常有限。

本书进一步在安特拉斯和乔尔（Antras and Chor, 2013）的基础上，构建研究企业出口国内增加值的理论框架，采用一般均衡模型同时分析供给、需求两个层面，将企业产品质量以及进口中间品质量同时纳入分析框架，并借鉴基和唐（Kee and Tang, 2016）的方式来刻画企业出口国内增加值，系统分析一般贸易型企业、加工贸易型企业、混合贸易型企业出口国内增加值率的影响因素，发现三类企业出口国内增加值率的影响因素存在一定差异。具体而言，进口中间品关税水平与一般贸易型企业的出口国内增加值率、混合贸易型企业的出口国内增加值率呈正相关关系，不会影响加工贸易型企业的出口国内增加值率；出口关税水平与一般贸易型企业的出口国内增加值率、加工贸易型企业的出口国内增加值率、混合贸易型企业的出口国内增加值率呈负相关关系；若企业仅使用进口中间品，无论是进口中间品产品质量还是出口产品质量均不会影响企业的出口国内增加值率，否则，企业出口产品质量与一般贸易型企业的出口国内增加值率、混合贸易型企业的出口国内增加值率呈正相关关系，不会影响加工贸易型企业的出口国内增加值率，进口中间品产品质量与一般贸易型企业的出口国内增加值率、混合贸易型企业的出口国内增加值率呈负相关关系，不会影响加工贸易型企业的出口国内增加值率；加工贸易份额和混合贸易型企业的出口国内增加值率呈负相关关系。

　　本书还利用多重固定效应模型、倾向得分匹配等前沿面板数据计量方法对理论结论进行了验证，探索不同类型企业出口国内增加值率影响因素的差异，计量结果与本书理论结论一致。对于不同类型的企业而言，出口国内增加值率的核心因素存在一定差异。对于一般贸易型企业而言，出口产品质量对出口国内增加值率的影响，均显著高于进口中间品关税水平、进口中间品产品质量、出口关税水平的影响；对于加工贸易型企业而言，出口关税水平的影响显著高于出口产品质量、进口中间品产品质量；对于混合贸易型企业而言，加工贸易占比对出口国内增加值率的影响，均显著高于出口产品质量、进口中间品关税水平、进口中间品产品质量、出口关税水平的影响。随着企业出口国内增加值率的提升，进口中间品产品质量与进口中间品关税对一般贸易型企业出口国内增加值率、混合贸易型企业出口国内增加值率的影响在逐渐下降，出口关税水平对一般贸易型企业出口国内增加值率、加工贸易型企业（除出口国内增加值率非常低的企业外）出口国内增加值率、混合贸易型企业出口国内增加值率的影响在逐渐提升，加工贸易比例对混合贸易型企业出口国内增加值率的影响在不断下降，出口产品质量的影响不存在显著趋势。

本书还对企业出口国内增加值提升机制进行了动态拓展分析，发现不同出口产品进入、退出、转换行为以及创新对企业出口国内增加值变动率的影响不同。具体来看，新产品进入市场和新产品成为核心产品对企业第二年出口国内增加值变动率的影响显著为正；首次出口中间品对企业当期出口国内增加值变动率的影响显著为正；中间品出口由非主导地位转变为主导地位、最终品出口由主导地位转变为非主导地位，对企业第二年出口国内增加值变动率的影响显著为正；企业发明专利申请和授权，以及实用新型专利申请和授权均对企业第二年出口国内增加值变动率的影响显著为正，发明专利申请和授权对企业次年出口国内增加值变动率的促进效应要高于实用新型专利申请和授权。总体来看，创新行为对企业出口国内增加值变动率的影响要高于出口产品进入、退出、转换这三类行为，但创新行为的影响存在滞后效应，并且，专利授权的影响要高于专利申请，发明专利、实用新型专利、外观设计专利对企业出口国内增加值变动率的影响也存在差异。

8.2　政策建议

基于以上研究结论，本书针对提升中国出口国内增加值，提出以下四个政策建议。

（1）以多元化动态政策激励异质性企业出口国内增加值率自升级。本书研究指出，中国出口国内增加值率的变动主要来自持续存在企业的集约边际，企业进入、退出的扩展边际效应对出口国内增加值率的作用非常有限。因此，激励企业出口国内增加值率自升级至关重要。根据本书结论，一般贸易型企业提升出口国内增加值率的核心机制为提升出口产品质量，加工贸易型企业提升出口国内增加值率的核心机制为贸易自由化，而混合贸易型企业提升出口国内增加值率的核心机制在于企业转型。为此，在制定提升出口国内增加值率的相关激励政策时，应注意政策的多元化，制定一套能实现分离均衡的政策体系，促使不同企业根据其自身贸易方式特点选择最优的出口国内增加值率提升路径。本书研究还表明，随着企业出口国内增加值率的提升，各因素对企业出口国内增加值率的影响也在不断变化，如出口关税水平的影响在不断提升，进口关税水平的影响在不断下降。这些都意味着，出口国内增加值率激励政策体系并非一成不变，而是随着我国出口国内增加值率的发展趋势不断调整演进的。

（2）以提高产品质量和促进企业创新为内生动力提升企业出口国内增加值率。本书研究指出，创新行为对企业出口国内增加值率变动率的影响要显著高于出口产品进入、退出、转换这三类行为，这意味着，创新是提升企业出口国内增加值率的最为有效的渠道之一。本书研究还表明，企业出口产品质量与一般贸易型企业的出口国内增加值率、混合贸易型企业的出口国内增加值率呈正相关关系。因此，促进企业创新和提升出口产品质量是企业向全球价值链中高端攀升，提升出口国内增加值率的关键动力。为此，需要进一步通过要素市场化改革等手段增强企业创新意愿、促进高校科研院所技术成果的转化、加大力度实施知识产权保护并构建科技创新人才的培养机制，鼓励企业"引进来"与"走出去"，并不断增强企业学习能力与技术吸收转化效率。在产品生产制造环节需要深挖工艺，提高产品质量标准，发挥工匠精神，在细分市场精耕细作，以提高产品质量。通过动力转换，提升企业出口国内增加值率，以此逐渐突破"低端锁定"困境，实现向全球价值链中高端攀升。

（3）以产品转型和贸易模式转型为动态路径，突破全球价值链低端锁定。本书研究指出，从加工贸易向一般贸易的贸易模式转型，是中国出口国内增加值率变动的来源之一，是混合贸易型企业出口国内增加值率提升的核心机制。开拓新产品，从最终品出口转向中间品出口，对企业出口国内增加值率动态提升具有显著的正向影响。由此，可以寻找突破嵌入式全球价值链下非核心企业的"低端锁定"和"俘获"（刘志彪和张杰，2007）的路径，实现企业在全球价值链中主动升级。以加工贸易为主要方式嵌入全球价值链的模式，核心企业往往采取排他性的策略阻止非核心企业升级。当前，全球价值链正面临结构性重组，区域性价值链将成为全球价值链的表现形式，"一带一路"产能合作正逐步推进。这为突破原有发达国家跨国公司主导的全球价值链提供了契机。推动加工贸易向一般贸易转型，既能发挥对国内经济更大的溢出效应，也能更多地立足国内价值链，从而实现从被动嵌入到主动融合的转变。此外，开拓新产品，从出口最终品转换为出口中间品，也有助于企业实现价值链的跃升。为此，需要发展国内中间品市场，增加国内中间品的品种和质量，深化国内供应链体系，充分发挥"一带一路"产能合作，将低出口国内增加值的产品向外转移，并从最终品的生产销售环节向中间品的生产销售环节转变。

（4）以深化双向贸易自由化营造合作共赢的稳定贸易环境。本书研究表明，进口中间品关税水平与一般贸易型企业的出口国内增加值率、混合贸易型企业的出口国内增加值率呈正相关关系，不会影响加工贸易型企业的出口国内增加值率；出口关税水平与一般贸易型企业的出口国内增加值率、加工贸易型企业的出口国内增加值率、混合贸易型企业的出口国内增加值率呈负相关关系。与传统最终产品双边贸易相比，增加值贸易中的贸易成本尤其是企业竞争力的关键组成部分，在一定程度上决定了其参与全球生产网络的能力，并在经过现代供应链的多重环节后被叠加放大（杜大伟、若泽·吉勒尔梅·莱斯和王直，2018）。但是，近年来，世界经济的保护主义色彩在不断增强。因此，如何深化双向贸易自由化，以营造合作共赢的稳定贸易环境，对于全球价值链贸易至关重要。具体可以通过参与和制定相关贸易协定，加强与其他国家之间的对话交流，增强多边合作，以降低出口关税成本。虽然进口中间品关税与一般贸易型企业的出口国内增加值率和混合贸易型企业的出口国内增加值率正相关，但是仍然要通过降低进口中间品关税深化贸易自由化，推进全方位对外开放，促进贸易便利化、投资便利化等降低进口环节成本。此外，政府也应加强对于贸易政策和关税变动风险的评估，及时发布贸易政策不确定性和关税变动的信息，制订应对贸易政策变动的预案，以降低不确定性对企业的冲击。

8.3　进一步研究方向

本书结合中国海关数据库与中国工业企业数据库对中国企业的出口国内增加值率进行了测算，以该数据为基础对中国出口国内增加值率的典型化事实进行了分析，在异质性企业模型的基础上探索了企业出口国内增加值率提升的内在机理，并运用前沿计量方法进行了验证与拓展研究，对如何提升中国出口国内增加值有着较大借鉴意义，但仍存在以下三个方面的不足之处，有待进一步深入研究。

（1）微观数据库时间跨度较短。本书所使用的数据为 2000～2006 年的中国工业企业数据库与中国海关数据库的匹配数据，时间跨度较短。主要原因在于，中国工业企业数据库缺少 2008～2010 年的中间投入数据，其中，2008 年和 2009 年还缺少增加值数据和工业总产值数据，导致无法测算这些年份的企业出口国内增加值率和生产率。由于数据原因，现有关于企业出口国内增加值率的研究也基本在此时间跨度之内（毛其淋和许家云，2019；高翔、刘啟仁和黄建忠，2018；祝树金、金小剑和赵玉龙，2018；诸竹君、黄先海和余骁，2018；崔晓敏、余淼杰和袁东，2018；李胜旗和毛其淋，2017；Kee and Tang，2016）。这一缺陷导致本书分析中无法考虑 2006 年后一些影响较大的政策冲击（如 2008 年金融危机）对企业出口国内增加值率提升的影响。

（2）企业出口国内增加值率测算中存在对进口中间品使用的比例假设。虽然本书结合中国贸易体制下企业进出口方式的多样性组合，根据出口贸易方式将企业划分为一般贸易型企业、加工贸易型企业、混合贸易型企业三大类型，考虑了加工出口会更倾向于采用加工进口以享受进口环节的税收优惠，但是对于一般贸易进口中间品的使用，由于无法准确识别出企业在国内销售和出口中的进口中间品分配比例，本书采用了比例假设，即一般贸易出口占国内销售和一般贸易出口的比例。但是，本书这一假设已经是在当前数据可得性下，根据相关前沿研究所能进行数据处理中的最优选择。在对相关微观数据进行完善后，本书对出口国内增加值率测算中对于进口中间品的使用、识别还将进一步优化，这也是本书进一步的研究方向之一。

（3）在理论分析中，对企业产品质量升级机制刻画不足。本书理论模型以安特拉斯和乔尔（Antras and Chor，2013）为基础，对企业出口国内增加值率的影响因素进行了分析。在理论模型中，假定企业产品质量由企业基准产品质量和中间品产品质量共同决定，没有对企业基准产品质量的来源做出详尽解释，也没有考虑基准产品质量的动态升级机制。原因在于，产品质量的动态升级机制并非本书所分析的重点，并且，其最终仍通过出口产品质量进而影响企业出口国内增加值率。将其动态化，如引入赫尔普曼和格罗斯曼（Helpman and Grossman，1992）的产品质量升级机制，或者如哈拉克和西瓦达桑（Hallak and Sivadasan，2013）引入企业研发对产品质量的影响，会大大增加本书模型的复杂度，使得本书模型的可处理性大大下降。因此，本书的理论模型中对企业的产品质量升级机制仅做了简单假定。但是，在出口贸易高质量发展体系中，产品质量的自升级机制对企业出口国内增加值率的影响，是本书进一步研究的方向之一。

附录 混合贸易型企业影响因素差异检验结果

附表 1   表 6-18 的检验结果

系数	1	2	3	4	5	6
α_5 和 α_1	0.000 0	0.000 0	0.000 0	0.000 0	0.000 0	0.000 0
α_5 和 α_2	0.000 0	0.000 0	0.000 0	0.000 0	0.001 7	0.000 1
α_5 和 α_4	0.000 0	0.000 0	0.000 0	0.000 0	0.000 0	0.000 0
α_5 和 α_3	0.000 0	0.000 0	0.000 0	0.000 0	0.000 0	0.000 0
α_2 和 α_1	0.000 0	0.000 0	0.008 3	0.430 0	0.000 1	0.076 9
α_1 和 α_4	0.652 6	0.167 9	0.000 7	0.000 1	0.011 1	0.001 1
α_1 和 α_3	0.049 4	0.163 8	0.139 3	0.052 4	0.119 1	0.024 1
α_2 和 α_4	0.000 0	0.000 1	0.000 0	0.000 1	0.000 0	0.000 1
α_2 和 α_3	0.127 3	0.276 4	0.006 0	0.028 0	0.000 5	0.002 7
α_3 和 α_4	0.043 7	0.030 0	0.259 7	0.249 4	0.654 2	0.731 8

资料来源：笔者根据中国海关数据库与中国工业企业数据库的匹配数据，应用 Stata 软件计算整理而得。

附表 2   表 6-19 的检验结果

系数	1	2	3	4	5	6
α_5 和 α_1	0.000 0	0.000 0	0.000 0	0.000 0	0.000 0	0.000 0
α_5 和 α_2	0.000 0	0.000 0	0.000 0	0.000 0	0.000 0	0.000 0
α_5 和 α_4	0.000 0	0.000 0	0.000 0	0.000 0	0.000 0	0.000 0

续表

系数	1	2	3	4	5	6
α_5 和 α_3	0.000 0	0.000 0	0.000 0	0.000 0	0.000 0	0.000 0
α_2 和 α_1	0.000 7	0.034 6	0.130 3	0.858 0	0.013 4	0.333 0
α_1 和 α_4	0.289 9	0.919 8	0.071 3	0.014 6	0.276 3	0.069 2
α_1 和 α_3	0.005 2	0.028 1	0.635 7	0.345 6	0.501 9	0.172 8
α_2 和 α_4	0.246 4	0.242 9	0.018 0	0.036 3	0.018 6	0.040 1
α_2 和 α_3	0.489 2	0.395 1	0.223 8	0.351 8	0.057 8	0.085 8
α_3 和 α_4	0.091 9	0.065 6	0.386 5	0.367 5	0.850 3	0.923 8

资料来源：笔者根据中国海关数据库与中国工业企业数据库的匹配数据，应用 Stata 软件计算整理而得。

附表 3   **表 6 - 20 的检验结果**

系数	1	2	3	4	5	6
α_5 和 α_1	0.000 0	0.000 0	0.000 0	0.000 0	0.000 0	0.000 0
α_5 和 α_2	0.000 0	0.000 0	0.000 0	0.000 0	0.000 0	0.000 0
α_5 和 α_4	0.000 0	0.000 0	0.000 0	0.000 0	0.000 0	0.000 0
α_5 和 α_3	0.000 0	0.000 0	0.000 0	0.000 0	0.000 0	0.000 0
α_2 和 α_1	0.017 8	0.072 8	0.031 8	0.120 3	0.008 5	0.048 5
α_1 和 α_4	0.280 4	0.853 2	0.296 7	0.103 1	0.585 8	0.232 2
α_1 和 α_3	0.009 5	0.037 3	0.987 2	0.711 1	0.708 6	0.338 6
α_2 和 α_4	0.538 3	0.344 1	0.034 4	0.027 6	0.042 6	0.033 8
α_2 和 α_3	0.363 0	0.421 8	0.247 0	0.247 9	0.080 0	0.060 1
α_3 和 α_4	0.131 1	0.090 0	0.449 3	0.406 4	0.950 8	0.992 6

资料来源：笔者根据中国海关数据库与中国工业企业数据库的匹配数据，应用 Stata 软件计算整理而得。

附表 4   **表 6 - 22 的检验结果**

系数	q05	q25	q50	q75	q95
α_5 和 α_1	0.000 0	0.000 0	0.000 0	0.000 0	0.317 6
α_5 和 α_2	0.000 0	0.000 0	0.000 0	0.000 0	0.531 5
α_5 和 α_4	0.000 0	0.000 0	0.000 0	0.000 0	0.364 2
α_5 和 α_3	0.000 0	0.000 0	0.000 0	0.000 0	0.623 0

续表

系数	q05	q25	q50	q75	q95
α_2 和 α_1	0.000 0	0.000 0	0.000 0	0.000 0	0.018 8
α_1 和 α_4	0.027 4	0.000 0	0.000 0	0.731 9	0.094 9
α_1 和 α_3	0.008 2	0.429 1	0.000 0	0.000 0	0.318 7
α_2 和 α_4	0.000 0	0.000 0	0.000 0	0.000 0	0.893 4
α_2 和 α_3	0.594 8	0.000 0	0.000 0	0.000 0	0.912 0
α_3 和 α_4	0.000 0	0.000 0	0.000 0	0.000 0	0.980 0

资料来源：笔者根据中国海关数据库与中国工业企业数据库的匹配数据，应用 Stata 软件计算整理而得。

附表 5　　　　　　　　　　**表 6 - 23 的检验结果**

系数	q05	q25	q50	q75	q95
α_5 和 α_1	0.000 0	0.000 0	0.000 0	0.000 0	0.029 6
α_5 和 α_2	0.000 0	0.000 0	0.000 0	0.000 0	0.122 7
α_5 和 α_4	0.000 0	0.000 0	0.000 0	0.000 0	0.598 9
α_5 和 α_3	0.000 0	0.000 0	0.000 0	0.000 0	0.458 1
α_2 和 α_1	0.001 8	0.890 3	0.000 0	0.000 0	0.249 2
α_1 和 α_4	0.000 0	0.000 0	0.000 0	0.000 0	0.023 3
α_1 和 α_3	0.572 0	0.000 0	0.000 0	0.000 1	0.041 8
α_2 和 α_4	0.000 0	0.000 0	0.000 0	0.000 0	0.157 1
α_2 和 α_3	0.160 3	0.000 0	0.000 0	0.000 0	0.105 0
α_3 和 α_4	0.000 1	0.000 5	0.000 0	0.010 6	0.675 0

资料来源：笔者根据中国海关数据库与中国工业企业数据库的匹配数据，应用 Stata 软件计算整理而得。

附表 6　　　　　　　　　　**表 6 - 24 的检验结果**

系数	q05	q25	q50	q75	q95
α_5 和 α_1	0.000 0	0.000 0	0.000 0	0.000 0	0.006 5
α_5 和 α_2	0.000 0	0.000 0	0.000 0	0.000 0	0.261 9
α_5 和 α_4	0.000 0	0.000 0	0.000 0	0.000 0	0.686 4
α_5 和 α_3	0.000 0	0.000 0	0.000 0	0.000 0	0.143 2
α_2 和 α_1	0.000 0	0.015 6	0.000 0	0.000 0	0.007 2

续表

系数	q05	q25	q50	q75	q95
α_1 和 α_4	0.000 0	0.000 0	0.000 0	0.000 0	0.075 7
α_1 和 α_3	0.155 5	0.000 0	0.000 0	0.000 0	0.005 1
α_2 和 α_4	0.000 0	0.000 0	0.000 0	0.000 0	0.650 3
α_2 和 α_3	0.003 7	0.000 0	0.000 0	0.000 0	0.051 2
α_3 和 α_4	0.041 1	0.016 4	0.000 0	0.424 4	0.106 9

资料来源：笔者根据中国海关数据库与中国工业企业数据库的匹配数据，应用 Stata 软件计算整理而得。

参考文献

[1] 陈锡康，祝坤福，杨翠红．中国出口的国内增加值及其影响因素分析［J］．国际经济评论，2013（4）：116－127.

[2] 陈艳莹，原毅军，游闽．中国服务业进入退出的影响因素——地区和行业面板数据的实证研究［J］．中国工业经济，2008（10）：75－84.

[3] 程大中．中国参与全球价值链分工的程度及演变趋势——基于跨国投入—产出分析［J］．经济研究，2015（9）：4－16.

[4] 程惠芳，陈超．开放经济下知识资本与全要素生产率——国际经验与中国启示［J］．经济研究，2017（10）：23－38.

[5] 程文先，樊秀峰．全球价值链分工下制造企业出口附加值测算——来自中国微观企业层面数据［J］．中国经济问题，2017（4）：54－67.

[6] 崔凡，邓兴华．异质性企业贸易理论的发展综述［J］．世界经济，2014（6）：138－160.

[7] 崔晓敏，余淼杰，袁东．最低工资和出口的国内附加值：来自中国企业的证据［J］．世界经济，2018（12）：49－72.

[8] 代谦，何祚宇．国际分工的代价：垂直专业化的再分解与国际风险传导［J］．经济研究，2015（5）：20－34.

[9] 戴魁早．垂直专业化的工资增长效应——理论与中国高技术产业的经验分析［J］．中国工业经济，2011（3）：36－46.

[10] 戴魁早．中国高技术产业垂直专业化影响因素研究——基于各

行业和各地区面板协整的实证检验［J］. 财经研究，2011，37（5）.

［11］戴觅，余淼杰，［美］Madhura Maitra. 中国出口企业生产率之谜：加工贸易的作用［J］. 经济学（季刊），2014（2）：675－698.

［12］［美］杜大伟，［巴西］若泽·吉勒尔梅·莱斯，王直. 全球价值链发展报告（2017）——全球价值链对经济发展的影响：测度与分析［M］. 北京：社会科学出版社，2018.

［13］段玉婉，杨翠红. 基于不同贸易方式生产异质性的中国地区出口增加值分解［J］. 世界经济，2018（4）：75－98.

［14］樊茂清，黄薇. 基于全球价值链分解的中国贸易产业结构演进研究［J］. 世界经济，2014（2）：50－70.

［15］樊娜娜. 外资进入与本土企业出口产品转换——基于多产品企业视角的研究［J］. 产业经济研究，2018（5）：103－114.

［16］樊秀峰，程文先. 中国制造业出口附加值估算与影响机制分析［J］. 中国工业经济，2015（6）：81－93.

［17］高敏雪，葛金梅. 出口贸易增加值测算的微观基础［J］. 统计研究，2016，30（10）：8－15.

［18］高翔，刘啟仁，黄建忠. 要素市场扭曲与中国企业出口国内附加值率：事实与机制［J］. 世界经济，2018，41（10）：28－52.

［19］葛明，林玲，赵素萍. 中国附加值进出口额及其驱动因素分析——基于 MRIO 模型的实证研究［J］. 国际贸易问题，2015（12）：3－14.

［20］郭晶，刘菲菲. 中国出口国内增加值提升的影响因素研究［J］. 世界经济研究，2016（6）：43－54.

［21］郭晶，孙琪. 全球价值链下浙江出口国内增加值的动态演进［J］. 浙江理工大学学报（社会科学版），2016，36（4）：339－345.

［22］郭晶，周玲丽. 贸易政策不确定性、关税变动与企业生存［J］. 国际贸易问题，2019，437（5）：26－44.

［23］郭晶. 基于企业异质性的增加值贸易核算研究综述［J］. 国际

贸易问题，2016（9）：50-60.

[24] 胡昭玲. 产品内国际分工对中国工业生产率的影响分析 [J].
中国工业经济，2007（6）：38-45.

[25] 黄先海，郭晶. 中国出口国内增加值提升的来源：基于微观数
据的结构分解 [J]. 国际贸易问题，2019（5）：26-44.

[26] 黄先海，杨高举. 中国高技术产业的国际分工地位研究：基
于非竞争型投入占用产出模型的跨国分析 [J]. 世界经济，2010（5）：
82-100.

[27] 黄先海，余骁. 以"一带一路"建设重塑全球价值链 [J]. 经
济学家，2017（3）：34-41.

[28] 姜悦，黄繁华. 服务业开放提高了我国出口国内附加值吗——
理论与经验证据 [J]. 财贸研究，2018，29（5）：74-81.

[29] 蒋庚华，张曙霄. 中国出口国内附加值中的生产要素分解
[J]. 中南财经政法大学学报，2015（2）：94-102+156.

[30] 金小剑，祝树金. 进口产品转换如何影响出口国内增加值
[J]. 国际贸易问题，2018（11）：1-16.

[31] 李春顶，尹翔硕. 我国出口企业的"生产率悖论"及其解释
[J]. 财贸经济，2009（11）：84-90

[32] 李春顶. 中国企业"出口—生产率悖论"研究综述 [J]. 世界
经济，2015，38（5）：148-175.

[33] 李宏艳，齐俊妍. 跨国生产与垂直专业化：一个新经济地理学
分析框架 [J]. 世界经济，2008（9）：30-40.

[34] 李胜旗，毛其淋. 制造业上游垄断与企业出口国内附加值——
来自中国的经验证据 [J]. 中国工业经济，2017（3）：101-119.

[35] 李玉红，王皓，郑玉歆. 企业演化：中国工业生产率增长的重
要途径 [J]. 经济研究，2008（6）：12-24.

[36] 联合国贸易和发展组织. 世界投资报告2013：全球价值链：促
进发展的投资与贸易 [M]. 北京：经济管理出版社，2013.

［37］刘海云，毛海欧．制造业 OFDI 对出口增加值的影响［J］．中国工业经济，2016（7）：91 - 108.

［38］刘维林．中国式出口的价值创造之谜：基于全球价值链的解析［J］．世界经济，2015，38（3）：3 - 28.

［39］刘志彪，张杰．从融入全球价值链到构建国家价值链：中国产业升级的战略思考［J］．学术月刊，2009（9）：59 - 68.

［40］刘志彪，张杰．全球代工体系下发展中国家俘获型网络的形成、突破与对策——基于 GVCS 与 NVC 的比较视角［J］．中国工业经济，2007（5）：39 - 47.

［41］刘遵义，陈锡康，杨翠红等非竞争型投入占用产出模型及其应用——中美贸易顺差透视［J］．中国社会科学，2007（5）：91 - 103.

［42］卢锋．产品内分工［J］．经济学（季刊），2004（4）：55 - 82.

［43］卢锋．当代服务外包的经济学观察：产品内分工的分析视角［J］．世界经济，2007（8）：22 - 35.

［44］鲁晓东，连玉君．中国工业企业全要素生产率估计：1999—2007［J］．经济学（季刊），2012（2）：541 - 558.

［45］罗伟，吕越．金融市场分割、信贷失衡与中国制造业出口——基于效率和融资能力双重异质性视角的研究［J］．经济研究，2015，50（10）：49 - 63，133.

［46］罗长远，张军．附加值贸易：基于中国的实证分析［J］．经济研究，2014，49（6）：4 - 17，43.

［47］吕越，陈帅，盛斌．嵌入全球价值链会导致中国制造的"低端锁定"吗？［J］．管理世界，2018，34（8）：11 - 29.

［48］吕越，罗伟，刘斌．异质性企业与全球价值链嵌入：基于效率和融资的视角［J］．世界经济，2015（8）：29 - 55.

［49］吕越，盛斌，吕云龙．中国的市场分割会导致企业出口国内附加值率下降吗［J］．中国工业经济，2018，362（5）：6 - 24.

［50］吕越，吕云龙，包群．融资约束与企业增加值贸易——基于全

球价值链视角的微观证据［J］. 金融研究，2017（5）：63 - 80.

［51］马涛. 全球价值链背景下我国经贸强国战略研究［J］. 国际贸易，2016（1）：26 - 32.

［52］毛其淋，盛斌. 中国制造业企业的进入退出与生产率动态演化［J］. 经济研究，2013（4）：16 - 29.

［53］毛其淋，许家云. 贸易自由化与中国企业出口的国内附加值［J］. 世界经济，2019（1）：3 - 25.

［54］毛其淋，许家云. 外资进入如何影响了本土企业出口国内附加值？［J］. 经济学（季刊），2018，17（4）：169 - 204.

［55］聂辉华，江艇，杨汝岱. 中国工业企业数据库的使用现状和潜在问题［J］. 世界经济，2012（5）：142 - 158.

［56］潘文卿，王丰国，李根强. 全球价值链背景下增加值核算理论综述［J］. 统计研究，2015，32（3）：69 - 75.

［57］裴长洪，刘洪愧. 中国怎样迈向贸易强国：一个新的分析思路［J］. 经济研究，2017（5）：28 - 45.

［58］彭冬冬，杜运苏. 中间品贸易自由化与出口贸易附加值［J］. 中南财经政法大学学报，2016（6）：92 - 101.

［59］齐俊妍，王岚. 贸易转型、技术升级和中国出口品国内完全技术含量演进［J］. 世界经济，2015（3）：29 - 56.

［60］盛斌，陈帅. 全球价值链如何改变了贸易政策：对产业升级的影响和启示［J］. 国际经济评论，2015（1）：85 - 97.

［61］施炳展，王有鑫，李坤望. 中国出口产品品质测度及其决定因素［J］. 世界经济，2013（9）：69 - 93.

［62］苏庆义. 中国省级出口的增加值分解及其应用［J］. 经济研究，2016（1）：84 - 98.

［63］谭智，王翠竹，李冬阳. 目的国制度质量与企业出口生存：来自中国的证据［J］. 数量经济技术经济研究，2014（8）：87 - 101.

［64］唐海燕，张会清. 产品内国际分工与发展中国家的价值链提升

[J]. 经济研究, 2009 (9): 81 - 93.

[65] 唐宜红, 张鹏杨. FDI、全球价值链嵌入与出口国内附加值 [J]. 统计研究, 2017 (4): 38 - 51.

[66] 田巍, 余淼杰. 企业出口强度与进口中间品贸易自由化: 来自中国企业的实证研究 [J]. 管理世界, 2013 (1): 28 - 44.

[67] 王孝松, 吕越, 赵春明. 贸易壁垒与全球价值链嵌入——以中国遭遇反倾销为例 [J]. 中国社会科学, 2017 (1): 109 - 125, 207 - 208.

[68] 王学君, 潘江. 贸易自由化与增加值贸易——WTO 对中国出口的真实影响 [J]. 经济理论与经济管理, 2017 (6): 96 - 109.

[69] 王子先. 中国需要有自己的全球价值链战略 [J]. 国际贸易, 2014 (7): 4 - 12.

[70] 吴利学, 叶素云, 傅晓霞. 中国制造业生产率提升的来源: 企业成长还是市场更替? [J]. 管理世界, 2016 (6): 22 - 39.

[71] 夏明, 张红霞. 跨国生产、贸易增加值与增加值率的变化——基于投入产出框架对增加值率的理论解析 [J]. 管理世界, 2015 (2): 32 - 44.

[72] 徐毅, 张二震. 外包与生产率: 基于工业行业数据的经验研究 [J]. 经济研究, 2008 (1): 103 - 113.

[73] 许和连, 成丽红, 孙天阳. 制造业投入服务化对企业出口国内增加值的提升效应——基于中国制造业微观企业的经验研究 [J]. 中国工业经济, 2017 (10): 64 - 82.

[74] 杨连星, 刘晓光, 罗来军. 出口价格、出口品质与贸易联系持续期 [J]. 数量经济技术经济研究, 2016 (8): 80 - 96.

[75] 杨汝岱. 中国制造业企业全要素生产率研究 [J]. 经济研究, 2015 (2): 61 - 74.

[76] 杨天宇, 张蕾. 中国制造业企业进入和退出行为的影响因素分析 [J]. 管理世界, 2009 (6): 82 - 90.

[77] 殷晓鹏, 仪珊珊, 王哲. 中国多产品企业的出口产品转换行为研究 [J]. 南开经济研究, 2018 (6): 3 - 19.

［78］余淼杰，崔晓敏 . 人民币汇率和加工出口的国内附加值：理论及实证研究［J］. 经济学（季刊），2018，69（3）：340 - 367.

［79］余淼杰 . 中国的贸易自由化与制造业企业生产率［J］. 经济研究，2010（12）：97 - 110.

［80］余淼杰 . 加工贸易与中国企业生产率：企业异质性理论和实证研究［M］. 北京：北京大学出版社，2013.

［81］张杰，陈志远，刘元春 . 中国出口国内附加值的测算与变化机制［J］. 经济研究，2013（10）：124 - 137.

［82］张杰，郑文平，陈志远 . 进口与企业生产率——中国的经验证据［J］. 经济学（季刊），2015，14（3）：1029 - 1052.

［83］张杰，郑文平，翟福昕 . 中国出口产品质量得到提升了么？［J］. 经济研究，2014（10）：46 - 59.

［84］张静，胡倩，谭桑等 . 进入、退出与企业生存——来自中国制造业企业的证据［J］. 宏观经济研究，2013（11）：103 - 110.

［85］张鹏杨，唐宜红 . FDI 如何提高我国出口企业国内附加值？——基于全球价值链升级的视角［J］. 数量经济技术经济研究，2018，35（7）：80 - 97.

［86］张幼文 . 从廉价劳动力优势到稀缺要素优势——论"新开放观"的理论基础［J］. 南开学报（哲学社会科学版），2005（6）：1 - 8.

［87］中国全球价值链课题组 . 全球价值链与我国贸易增加值核算研究报告 . http：//GVCs. mofcom. gov. cn/GVCs/biContent/hydt/201505/1842_ 1. html.

［88］诸竹君，黄先海，余骁 . 进口中间品质量、自主创新与企业出口国内增加值率［J］. 中国工业经济，2018，365（8）：118 - 136.

［89］祝树金，金小剑，赵玉龙 . 进口产品转换如何影响出口国内增加值［J］. 国际贸易问题，2018（11）：1 - 16.

［90］Ahn, JaeBin, Amit K. Khandelwal and Shang - Jin Wei. The Role of Intermediaries in Facilitating Trade［J］. Journal of International Economics, 2011, 84 (1): 73 – 85.

[91] Altomonte C. , Mauro F. D. , Ottaviano and Gianmarco I. P. et al. Global Value Chains During the Great Trade Collapse: A Bullwhip Effect? [J]. Social Science Electronic Publishing, 2012.

[92] Alvarez F. , Lucas R. E. Jr. General Equilibrium Analysis of the Eaton-Kortum Model of International Trade [J]. Journal of Monetary Economics 2007, 54 (6): 1726 – 1768.

[93] Amiti M. , S. J. Wei. Service Offshoring and Productivity: Evidence from the United States [J]. World Economy, 2006, 32 (2): 203 – 220.

[94] Antras P. , Helpman E. Global Sourcing [J]. Journal of Political Economy, 2004, 112 (3): 552 – 580.

[95] Antràs P. , Chor D. Organizing the Global Value Chain [J]. Econometrica, 2013, 81 (6): 2127 – 2204.

[96] Arndt S. W. Super-Specialization and The Gains From Trade [J]. Contemporary Economic Policy, 1998, 16 (4): 480 – 485.

[97] Arndt S. W. Globalization and the open economy [J]. North American Journal of Economics & Finance, 1997, 8 (1): 71 – 79.

[98] Baldwin R. , Venables A. J. Spiders and Snakes: Offshoring and Agglomeration in the Global Economy [J]. Journal of International Economics, 2013, 90 (2): 245 – 254.

[99] Baldwin R. , Robert-Nicoud and Frédéric. Trade-in-goods and Trade-in-tasks: An Integrating Framework [J]. CEPR Discussion Papers, 2010, 92 (1): 51 – 62.

[100] Baldwin R. , Taglioni D. Gravity Chains: Estimating Bilateral Trade Flows When Parts and Components Trade is Important [J]. NBER Working Papers, 2011, 8 (3): 435 – 470.

[101] Baldwin R. , Venables A. J. Spiders and Snakes: Offshoring and Agglomeration in the Global Economy [J]. Journal of International Econom-

ics, 2013, 90 (2): 245 - 254.

[102] Baldwin R. , Lopez-Gonzalez J. Supply-chain Trade: A portrait of Global Patterns and Several Testable Hypotheses [J]. CEPR Discussion Papers, 2013, 38 (11): 1682 - 1721.

[103] Bernard A. B. , Eaton J. and Jensen J. B. et al. Plants and Productivity in International Trade [J]. American Economic Review, 2003, 93 (4): 1268 - 1290.

[104] Bernard A. B. , Jensen J. B. Exceptional Exporter Performance: Cause, Effect, or Both? [J]. Journal of International Economics, 1997, 47 (1): 1 - 25.

[105] Bernard A. B. , Jensen J. B. and Redding S. J. et al. Firms in International Trade [J]. Journal of Economic Perspectives, 2007, 21 (3): 105 - 130.

[106] Bernard A. B. , Jensen J. B. and Schott P. K. Importers, Exporters and Multinationals: A Portrait of Firms in the U. S. That Trade Goods [J]. Social Science Electronic Publishing, 2009.

[107] Bernard, Redding and Schott. Multi-product Firms and Product Switching [J]. American Economic Review, 2010, 100 (1): 70 - 97.

[108] Bosker, Maarten and Westbrock et al. A theory of Trade in a Global Production Network [J]. CEPR Discussion Papers, 2014 (14) .

[109] Brakman S. , Van Marrewijk C. A Closer Look at Revealed Comparative Advantage: Gross-versus Value-added Trade Flows [J]. Papers in Regional Science, 2017, 96 (1): 61 - 92.

[110] Brandt L. , Morrow P. M. Tariffs and the Organization of Trade in China [J]. Journal of International Economics, 2016, 104 (JAN.): 85 - 103.

[111] Brandt, Biesebroeck, Zhang. Creative Accounting or Creative Destruction? Firm-Level Productivity Growth in Chinese Manufacturing [J]. Journal of Development Economics, 2012 (97): 339 - 351.

[112] Broda C. M. , Greenfield J. and Weinstein D. E. From groundnuts to globalization: a structural estimate of trade and growth [J]. NBER Working Papers, 2006, No. 12512.

[113] Caliendo L. , Parro F. Estimates of the Trade and Welfare Effects of NAFTA [J]. NBER Working Papers, 2012, 82 (1): 1 – 44.

[114] Choi N. Measurement and Determinants of Trade in Value Added [J]. Social Science Electronic Publishing, 2013.

[115] Coe D. T. , Helpman E. and Hoffmaister A. W. North-South R&D Spillovers [J]. Economic Journal, 1997, 107 (440): 134 – 149.

[116] Costinot A. , Rodriguez-Clare A. Trade Theory with Numbers: Quantifying the Consequences of Globalization [J]. Handbook of International Economics, 2014 (4): 197 – 261.

[117] Costinot A. , Vogel J. and Wang S. An Elementary Theory of Global Supply Chains [J]. The Review of Economic Studies, 2013, 80 (1): 109 – 144.

[118] Daudin G. , Rifflart C. and Schweisguth D. Who Produces for Whom in the World Economy? [J]. Canadian Journal of Economics, 2011, 44 (4): 143 – 147.

[119] De la Cruz, Justin, Robert Koopman, Zhi Wang, and Shang-jin Wei. Estimating Foreign Value-added in Mexico's Manufacturing Exports [J]. Office of Economics Working Paper, 2011.

[120] Deardorff A V. Fragmentation in simple trade models [J]. North American Journal of Economics & Finance, 2001, 12 (2): 121 – 137.

[121] Eaton J. , Eslava M. , Kugler M. and Tybout J. Export Dynamics in Colombia: Firm lever Evidence [J]. NBER Working Paper, 2007, No. 13531

[122] Eaton, J. , Kortum S. Technology, geography and trade [J]. Econometrica, 2002, 70 (5): 1741 – 1779.

[123] Ethier W. J. National and International Returns to Scale in the

Modern Theory of International Trade [J]. American Economic Review, 1982, 72 (3): 389 –405.

[124] Fan Li, Yeaple. Trade Liberalization, Quality, and Export Prices [J]. Review of Economics and Statistics, 2015, 97 (5): 1033 –1051.

[125] Feenstra R. C., Gagnon J. E. and Knetter M. M. Market Share and Exchange Rate Pass-through in World Automobile Trade [J]. Social Science Electronic Publishing, 1996, 40 (1 –2): 187 –207.

[126] Feenstra R. C., Jensen J. B. Evaluating Estimates of Materials Off-shoring from US Manufacturing [J]. Economics Letters, 2012, 117 (1): 170 –173.

[127] Gereffi G., Humphrey J. and Sturgeon T. The Governance of Global Value Chains [J]. Review of International Political Economy, 2005, 12 (1): 78 –104.

[128] Gereffi G. Shifting Governance Structures in Global Commodity Chains, with Special Reference to the Internet [J]. American Behavioral Scientist, 2001, 44 (10): 1616 –1637.

[129] Gereffi G. The Global Economy: Organization, Governance, and Development [M]. In Smelser N. J., Swedberg R. (Eds). The Handbook of Economic Sociology, 2nd edn. Princeton, N. J.: Princeton University Press and Russell Sage Foundation. 2005.

[130] Greenaway D., Kneller R. Firm Heterogeneity, Exporting and Foreign Direct Investment [J]. The Economic Journal, 2007 (117): 134 –161.

[131] Grossman D. G. M. Trade and Protection With Multistage Production [J]. The Review of Economic Studies, 1982, 49 (4): 583 –594.

[132] Grossman G. M., Helpman E. Innovation and Growth in the Global Economy [J]. Mit Press Books, 1993, 1 (2): 323 –324.

[133] Grossman G. M., Rossi-Hansberg E. Trading Tasks: A Simple

Theory of Offshoring [J]. American Economic Review, 2008, 98 (5): 1978 – 1997.

[134] Hallak J. C. , Sivadasan J. Product and Process Productivity: Implications for Quality Choice and Conditional Exporter Premia [J]. Journal of International Economics, 2013, 91 (1): 53 – 67.

[135] Halpern L. , Koren M. and Szeidl A. Imported Inputs and Productivity [R]. Cefig Working Papers, 2011, 105 (8): 3660 – 3703.

[136] Hong M. , Zhi W. and Zhu K. Domestic Content in China's Exports and its Distribution by Firm Ownership [J]. Journal of Comparative Economics, 2015, 43 (1): 3 – 18.

[137] Hummels D. L. , Ishii J. and Yi K. M. The Nature and Growth of Vertical Specialization in World Trade [J]. Journal of International Economics, 2001, 54 (1): 75 – 96.

[138] Ivan A. A Simple Approach to Quantile Regression for Panel Data [J]. Econometrics Journal, 2011, 14 (3): 368 – 386.

[139] Jalan J. , Ravallion M. Estimating the Benefit Incidence of an Antipoverty Program by Propensity-Score Matching [J]. Journal of Business & Economic Statistics, 2003, 21 (1): 19 – 30.

[140] Johnson R. C. , Noguera G. Accounting for intermediates: Production Sharing and Trade in Value Added [J]. Journal of International Economics, 2012, 86 (2): 224 – 236.

[141] Jones R. W. , Kierzkowski H. and Leonard G. Fragmentation and Intra-Industry Trade [M]. Frontiers of Research in Intra-Industry Trade, 2002.

[142] Kasahara H. , Lapham B. Productivity and the Decision to Import and Export: Theory and Evidence [J]. Journal of International Economics, 2013, 89 (2): 297 – 316.

[143] Kee H. L. , Tang H. Domestic Value Added in Exports: Theory

and Firm Evidence from China [J]. American Economic Review, 2016, 106 (6): 1402 - 1436.

[144] Keller, Wolfgang. Geographic Localization of International Technology Diffusion [J]. American Economic Review, 2002, 92 (1): 120 - 142.

[145] Khandelwal A. , Schott P. and Wei S. J. Trade Liberalization and Embedded Institutional Reform: Evidence from Chinese Exporters [J]. American Economic Review, 2013, 103 (6): 169 - 219.

[146] Kimura F. , Takahashi Y. and Hayakawa K. Fragmentation and Parts and Components Trade: Comparison between East Asia and Europe [J]. North American Journal of Economics & Finance, 2007, 18 (1): 23 - 40.

[147] Koenker R. Quantile regression for longitudinal data [J]. Journal of Multivariate Analysis, 2004, 91 (1): 74 - 89.

[148] Kohler W. A specific-factors view on outsourcing [J]. North American Journal of Economics & Finance, 2001, 12 (1): 31 - 53.

[149] Kohler W. International Outsourcing and Factor Prices with Multistage Production [J]. The Economic Journal, 2004, 114 (494): 166 - 185.

[150] Koopman R, Powers W. M. and Wang Z. et al. Give Credit Where Credit is Due: Tracing Value Added in Global Production Chains [J]. Working Paper Series (National Bureau of Economic Research), 2010.

[151] Koopman R. , Wang Z. and Wei S. J. Estimating Domestic Content in Exports when Processing Trade is Pervasive [J]. Journal of Development Economics, 2012, 99 (1): 178 - 189.

[152] Koopman R. , Wang Z. and Wei S. J. How Much of Chinese Exports is Really Made In China? Assessing Domestic Value-Added When Processing Trade is Pervasive [J]. National Bureau of Economic Research Working Paper Series, 2008, No. 14109.

[153] Koopman R. , Wang Z. and Wei S. J. Tracing Value-Added and Double Counting in Gross Exports [J]. Social Science Electronic Publishing,

2014, 104 (2): 459 – 494.

[154] Krugman P., Srinivasan R. N. C. N. 25th Anniversary Issue ‖ Growing World Trade: Causes and Consequences [J]. Brookings Papers on Economic Activity, 1995, 26 (1): 327 – 377.

[155] Krugman P. R. Increasing Returns, Monopolistic Competition, and International Trade [J]. Journal of International Economics, 1979, 9 (4): 469 – 479.

[156] Levinsohn J. A., Petrin A. Estimating Production Functions Using Inputs to Control for Unobservables [J]. The Review of Economic Studies 2003, 70 (2): 317 ~ 341.

[157] Lo Turco A., Maggioni D. On the Role of Imports in Enhancing Manufacturing Exports [J]. World Economy, 2013, 36 (1): 93 – 120.

[158] Ma Z., Wang K. Zhu. Domestic Content in China's Exports and its Distribution by Firm Ownership [J]. Journal of Comparative Economics, 2015, 43 (1): 3 – 18.

[159] Manova K., Yu Z. Firms and Credit Constraints along the Global Value Chain: Processing Trade in China [J]. Journal of International Economics, 2014 (100): 120 – 137.

[160] Manova K., Yu Z. Multi-product Firms and Product Quality [J]. Journal of International Economics, 2017, 109 (11): 116 – 137.

[161] Markusen J. R., Venables A. J. Interacting Factor Endowments and Trade Costs: A Multi-country, Multi-good Approach to Trade Theory [J]. Journal of International Economics, 2007, 73 (2): 333 – 354.

[162] Maurer A., Degain C. Globalization and Trade Flows: What You See is Not What You Get! [J]. Journal of International Commerce, Economics and Policy, 2012, 3 (3): 1 – 27.

[163] Mayer T., Melitz M. J. and Ottaviano G. I. P. Market Size, Competition, and the Product Mix of Exporters [J]. American Economic Review,

2014, 104 (2): 495 - 536.

[164] Melitz M. J. , Ottaviano G. I. P. Market Size, Trade, and Productivity [J]. Review of Economic Studies, 2008, 75 (1): 295 - 316.

[165] Melitz M. J. The Impact of Trade on Intra-Industry Reallocations and Aggregate Industry Productivity [J]. Econometrica, 2003, 71 (6): 1695 - 1725.

[166] Milberg W. , Winkler D. E. Errors from the 'Proportionality Assumption' in the Measurement of Offshoring: Application to German Labor Demand [J]. Scepa Working Paper, 2010 (2): 379 - 406.

[167] Puzzello L. A Proportionality Assumption and Measurement Biases in the Factor Content of Trade [J]. Journal of International Economics, 2012, 87 (1): 105 - 111.

[168] Ragoussis A. Developing Countries' Participation in Global Value Chains: Implications for Trade and Trade-related Policies [J]. OECD Trade Policy Working Paper, 2017, No. 179.

[169] Sanyal K. K. , Jones R. W. The Theory of Trade in Middle Products. [J]. American Economic Review, 1982, 72 (1): 16 - 31.

[170] Tang, Fei Wang, Zhi Wang. The Domestic Segment of Global Supply Chains in China under State Capitalism [R]. Globalization and Monetary policy Institute Working Paper, 2014.

[171] Upward R. , Wang Z. and Zheng J. Weighing China's Export Basket: The Domestic Content and Technology Intensity of Chinese Exports [J]. Journal of Comparative Economics, 2013, 41 (2): 527 - 543.

[172] Yao J. , Pei H. Ma. Import Uses and Domestic Value Added in Chinese Exports: What Can We Learn from Chinese Micro Data? [J]. Measuring the Effects of Globalization, 2013, 101 (3 - 4): 353 - 357.

[173] Yi Kei-Mu. Can Vertical Specialization Explain the Growth of World Trade? [J]. Journal of Political Economy, 2003, 111 (1): 52 - 102.